# Winterharte Exoten

**von Herbert Müller**

**2., veränderte Auflage, November 2016**

# Impressum

**Titelbilder**
Vorderseite: *Catalpa bignonioides* (K.H.), *Asimina triloba* (H.M.), *Ficus carica* (H.M.), *Punica granatum* (T.U.)
Rückseite: Bananen (T.U.), *Passiflora caerulea* (T.U.), *Trachycarpus fortunei* (H.S.)

Müller, Herbert:
**Winterharte Exoten**
Witten: Formosa-Verlag, 2016

ISBN 978-3-934733-13-8



Printed in Germany

# Vorwort

Fremde, unbekannte Welten, die faszinierend und geheimnisvoll wirken, hatten es uns Deutschen schon immer angetan. Wissenshungrig, mit einer großen Portion Fernweh im Blut, ziehen wir Jahr für Jahr hinaus in die Fremde, um die Welt zu erkunden und zu bewundern. Von dem, was unter tropischer Sonne so Wundervolles wächst und gedeiht, lassen wir uns gerne verführen und inspirieren. Unvergessliche Stunden unter Palmen, köstliche Früchte und berauschende Blüten neben vielen anderen schönen Dingen wirken gnadenlos auf uns ein und benebeln unsere Sinne. Mir erging es kaum anders! Seit Jahrzehnten ziehe ich wie unter Zwang immer wieder hinaus, um auf eigene Faust die Welt zu erkunden. Stets auf der Suche neue Pflanzenarten zu entdecken, die möglichst auch für das ferne, kühlere Deutschland freilandtauglich sind. Daraus ist eine Leidenschaft entstanden, der ich bis heute erlegen bin.

Einige Exoten werden teilweise schon seit Jahrhunderten erfolgreich bei uns kultiviert. Neue kommen ständig hinzu oder sind längst dabei die Parks und Gärten im Sturm zu erobern. Mediterran und fremdartig, möglichst exotisch sollen sie wirken, um von allen bestaunt und bewundert zu werden. Ich möchte ihnen mit meinem Buch, basierend auf jahrzehntelanger Erfahrung im Umgang mit Freilandexoten, eine kleine Hilfestellung geben und zeigen, was mit ein wenig Geschick alles möglich ist!

Oh glückliches Land, so unterschiedlich wie deine Menschen und deren Dialekte sind auch deine Regionen. Die begünstigten Klimazonen sind im Wesentlichen das Rhein-Main-Gebiet, die Kölner Bucht, die Küstenstreifen, das Bodenseegebiet, der Breisgau und natürlich die vielen herrlichen Weinanbauregionen unseres Landes einschließlich der fast mediterran anmutenden Weinstraße unserer schönen Pfalz.

Gute Kontakte zu Pflanzenfreunden in ganz Deutschland und deren langjährige, positive Erfahrungsberichte haben mich dazu bewogen, einige Pflanzen bereits mit einer Minimumtemperatur von -8°C aufzunehmen. Diese können in sehr milden Regionen mit gutem Winterschutz über den Winter kommen. Über 90% aller hier beschriebenen Pflanzen besitzen jedoch eine Frostverträglichkeit von mindestens -15°C, etliche deutlich darüber hinaus. Da geeignete Pflanznischen mit ihrem zusätzlichen Kleinklima die Auspflanzung weiter erleichtern und die Robustheit mit zunehmendem Alter weiter ansteigt, dürfte der Buchtitel „Winterharte Exoten" allemal gerechtfertigt sein.

Herbert Müller, Bissingen/Teck

# Inhaltsverzeichnis

A.V.

E.S.

H.S.

**▲ So sieht der Traum vom Süden im eigenen Garten aus - ein lauschiges Plätzchen unter Bananenstauden.**
**Um sich einer solchen sommerlichen Pracht zu erfreuen, ist ein angemessener Winterschutz empfehlenswert.**
**Insbesondere die im Hintergrund stehende *Musa basjoo* gilt als die kälteunempfindlichste Banane. Bei der Einschätzung, ob diese Art als vollständig winterhart oder doch eher als sehr frosthart einzustufen ist, gehen die Meinungen der Experten auseinander.**

# Bananengewächse

## Wissenswertes

Die Bananengewächse sind neben der Palme Inbegriff aller exotischen Gartenträume. Von südostasiatischen Einwanderern nach Madagaskar und Afrika gebracht, gelangte sie bereits früh durch spanische Eroberer nach Mittelamerika, und die karibische Inselwelt.

Inzwischen sind über 1000 Zuchtsorten, von grün bis gelb oder gar rot bis lilablau bekannt. Feine Ladyfinger-Bananen, verführerische Fruchtsorten und prächtige Kochbananen zeigen eine enorme Sortenvielfalt. Eng mit den Bananengewächsen verwandt, sind Strelizien, Heleconien und der Baum der Reisenden – Ravenala.
Frostverträgliche Arten und Vorkommen gibt es im nicht tropischen Nordindien und Nepal sowie in den bis zu 2800 m hohen Bergregionen der Provinz Yunnan in China. Diese Herkünfte sind für uns Mitteleuropäer besonders interessant. Die wohl mit Abstand frosttoleranteste Art ist die von den japanischen Ryūkyū-Inseln stammende Faserbanane *Musa basjoo*.

Neben den auf den folgenden Seiten näher beschriebenen, bedingt frostharten Bananengewächsen gibt es noch weitere, bislang weniger beachtete aber dennoch hochinteressante Arten, wie beispielsweise *Musa balbisiana, Musa cheesmani, Musa itinerans,* und *Musa yunnanensis*.
Frostverträgliche Fruchtsorten sucht man bisher vergebens. Doch mit der jetzt in den USA gezüchteten *Musa* „California Gold“ scheint erstmals ein Durchbruch gelungen zu sein. Diese neue frostharte Fruchtbanane, soll angeblich ohne Schutz und nennenswerte Schäden Temperaturen von -6 bis -7°C gut überstehen, und dabei noch sicher fruchten. Nach Expertenmeinung, dürfte es auch in Deutschland geeignete Standorte geben, die zur Ernte führen könnten. Längst laufen auch Versuche, um Bananen gentechnisch so zu verändern, dass sie bei uns ohne Frostschutz überleben und fruchten sollen.

## Botanik

Die größte Gattung innerhalb der Familie der Bananengewächse (*Musaceae*) bilden mit rund 100 Arten die Bananen (*Musa*). Sie sind einhäusige, immergrüne, mehrjährige, krautartige Staudengewächse mit flachen Wurzeln und hohlem Scheinstamm, der aus spiralig angeordneten Blattscheiden gebildet wird.

***Ensete ventricosum*** **´Maurellii`**

▼ **Vorbereitung und Einräumen einer nicht winterharten Bananenstaude.**

Aus diesem Scheinstamm entwächst nach 3-4 Jahren der Blütenstand. Die ganzrandigen, gestielten Blätter sind bis zu 80 cm breit und 3-4 m lang. Stamm und Blätter, grün oder rotgrün angehaucht, erinnern mit ihrem himmelwärts gerichtetem Wuchs sowie den schmucken, meist zerzausten Wedeln, ein wenig an Palmen.
Die größte Wildbanane *Musa ingens* erreicht übrigens die stolze Höhe von über 12 m. Der Blütenstand ist groß und hängend, selten aufrecht. Die rötlichen oder gelben Blütenstände sind mit weiblichen und männlichen Blüten besetzt. Die Bestäubung von *Musa*-Arten und -Sorten erfolgt durch Fledermäuse und Vögel. Botanisch gesehen, handelt es sich bei der Banane um eine gekrümmte Beerenfrucht mit reichen Nährwerten.

## Kulturanleitung

• **Standort:** Möglichst warm und trocken, sonnig bis halbschattig und windgeschützt. Ideal sind Haussüdseiten, Innenhöfe, Mauernischen oder Schutz durch Bäume und Sträucher

• **Bodenansprüche:** Das Erdreich sollte locker und wasserdurchlässig sein, gegebenenfalls das Pflanzloch von ca. 80x80 cm mit Drainage versehen. Es genügt dabei eine lockere Gartenerde, die zuvor mit etwas Ton und/oder Sand vermischt wurde. Positiv wirkt sich zudem die Beimischug von gut verrottetem Kompost oder älterem Pferdemist aus. Ein guter Zeitpunkt zum Auspflanzen ist das späte Frühjahr, nachdem sich das Erdreich bereits erwärmt hat.

- **Düngung/Gießen:** Wegen des kräftigen Wachstums und dem hohen Verbrauch an Wasser und Nährstoffen sind die Pflanzen von Mai bis September gleichmäßig mit Wasser und organischem oder mineralischem Dünger zu versorgen. Die Wässerung wird im Sommer teilweise mehrmals täglich notwendig werden, die Düngung kann 1-2 Mal pro Woche erfolgen. Staunässe gilt es unbedingt zu vermeiden.

- **Allgemeines:** Ein regelmäßiger Schnitt ist nicht erforderlich. Welke oder vom Sturm abgeknickte Blätter können durch einen nach außen geführten Schrägschnitt entfernt werden. Die Vermehrung erfolgt über Rhizome oder Samen. Schädlinge sind unbedeutend. Gelegentlich treten Spinnmilben auf.

- **Überwinterung:** Den Stamm der *Musa basjoo* vor Frosteintritt, auf ca. 80 cm einkürzen und mit passendem Kaninchendraht versehen. Anschließend wird der Stamm mit Fließ oder mit Stroh und Laub gefüllten Plastiksäcken umhüllt. Zum Schluss wird das Ganze mit einer Folie abgedeckt. Das Schutzgitter kann auch lose gefüllt werden. Auch größere Stämme lassen sich so bei richtiger Handhabung problemlos über den Winter bringen. Kübelpflanzen frostfrei in einem kühlen und hellen Raum bei mäßiger Wassergabe überwintern.

▲ **Beispielhafter Winterschutz bei *Musa basjoo***

◄ **Aufwendiger ist der Bau einer mit Folie verkleideten Holzkonstruktion, die bei Bedarf beispielsweise mit Hilfe eines thermostatgesteuerten Heizlüfters beheizt werden kann.**
**Im Frühjahr ermöglichen Schlitze in der Folie den Neuaustrieb.**

## *Ensete glaucum*

(Schneebanane)

**Herkunft:** Südostasien, in der Provinz Yunnan (China) bis in 2700 m Höhe
**Beschreibung:** Höhe 3-5 m, Blätter riesig, bis 3 m lang, mit wachsartig bläulichem Hauch; Blüte mächtig, Artischocken gleichend; Früchte klein, samenhaltig und ungenießbar
**Kultur:** Hierbei handelt es sich um ein pflegeleichtes, schnellwüchsiges und beeindruckendes Bananengewächs. Es ist zweifellos die kälteverträglichste Ensete-Art. Dennoch reicht ihre Frosttoleranz nicht für eine Auspflanzung. Ideale Kübelpflanze, deren Überwinterung trocken bei etwa 10°C erfolgen sollte.

## *Ensete ventricosum* ´Maurellii`

(rotblättrige Zierbanane)

**Herkunft:** Äthiopien, Afrika
**Beschreibung:** 3-6 (-20) m hohe Schönheit, mit kurzem, dickem Scheinstamm, starkwüchsig, Blätter farbenprächtig, rötlich
**Kultur:** Auch wenn dieser Art eine gewisse Frosthärte nachgesagt wird, gelingt eine Überwinterung im Freiland selbst mit Winterschutz nicht. Stattdessen sollte die Pflanze mit ausgegrabenem Wurzelstock und eingekürzten Blättern trocken in einem ca. 10°C warmen Kellerraum überwintert werden. Das Ausräumen erfolgt nach Erwärmung des Erdreichs im späten Frühjahr.

# *Musa basjoo*

(Japanische Faserbanane)

**Herkunft:** Ryūkyū-Inseln, Japan

**Beschreibung:** 3-4 (-7) m hohe Staude, krautartiger Scheinstamm bis 40 cm dick, Blätter hellgrün, bis 3 m lang und 50 cm breit; röhrenförmige, gelblich-weiße Blüten eingebettet in große, gelbe Hochblätter, weibliche Blüten an der Basis, männliche an der Spitze des Blütenstandes; Früchte ca. 8 x 3 cm, ungenießbar

**Kultur:** Diese pflegeleichte und schnellwüchsige Banane verlangt einen sonnigen bis halbschattigen, warmen und windgeschützten Standort. Das Substrat sollte locker und durchlässig sein. Zur Vermeidung von Wurzelschäden durch Staunässe ist eine Drainageschicht aus Kieselsteinen zu empfehlen. Während der Vegetationszeit reichlich wässern und düngen. Mit Blüten ist ab dem 4 Jahr zu rechnen.

*Musa basjoo* gilt als die mit Abstand härteste Banane.

Die tatsächliche Frosthärte dürfte bei -12 bis -15°C angesiedelt sein, wobei die Blätter bereits bei -4°C verfrieren. Ein entsprechender Winterschutz ist daher in unseren Breiten unbedingt erforderlich. Hierzu werden die Blätter entfernt und der Scheinstamm bis auf mind. 80 cm heruntergeschnitten. Dieser Bereich wird - wie 2 Seiten zuvor beschrieben - geschützt. Einer Fäulnis muss durch eine Luftzirkulation vorgebeugt werden.

## *Musa sikkimensis*

(Darjeeling Banane)

**Herkunft:** Himalaya, Nordosten Indiens bis 2500 m Höhe

**Beschreibung:** bis 5 m, schneller Wuchs, Scheinstamm rotfleckig, bis zu 45 cm im Durchmesser; Blätter grün, rubinrot gefleckt, gut 3 m lang; Blüte variiert von weiß über rotgestreift bis rot; Früchte hart, süß und essbar mit einigen Samen

**Kultur:** Mit einer Frosthärte im Wurzelbereich (Rhizom) von bis zu -12°C und im Bereich des Scheinstammes - also oberirdisch - von ca. -5°C kann eine Auspflanzung nur mit angemessenem Winterschutz erfolgen. Dieser Schutz sollte eine Überdachung aufweisen, die die Pflanze möglichst großflächig vor Regen schützt. So kann die Erde rund um die Pflanze ebenfalls abtrocknen. Dies erhöht die Frosttoleranz. Ratsam ist es zudem den Scheinstamm nach dem Rückschnitt an den Schnittflächen einige Tage abtrocknen zu lassen, bevor man diesen Teil eventuell zum weiteren Schutz umwickelt.

Der Boden sollte humos, durchlässig und nahrhaft sein. Sie hat einen hohen Wasserbedarf und sollte für einen kräftigen, schnellen Wuchs regelmäßig gedüngt werden. Ein sonniger Standort fördert die Entstehung roter Blattfecken.

Für die Überwinterung bei Kübelkultur eignet sich selbst ein dunkler Keller bei Temperaturen um 5°C.

## *Musella lasiocarpa*

(Yunnan Zwergbanane)

**Herkunft:** China (Yunnan) bis 2800 m Höhe
**Beschreibung:** schmucke Zwergbanane mit einer Höhe von 1-2 m, Blätter robust, grün bis blaugrün; leuchtend gelber Blütenstand am Ende des konisch zulaufenden Scheinstammes, in 60 bis 80 cm Höhe, Blüte ab dem 3. bis 4. Jahr, erstrahlt bis zu 9 Monate in voller Pracht, Blüten duftend; Früchte ohne Ähnlichkeit mit Bananen, kleine Samenkapseln mit pechschwarzen Samen, ungenießbar
**Kultur:** Hierbei handelt es sich in erster Linie um eine hervorragende und robuste Kübelpflanze. Mit einer Frosthärte im Wurzelbereich von -10°C und an den Blättern von -2°C muss sie bei Auspflanzungen mit einem entsprechend guten Winterschutz versehen werden. Hier empfiehlt sich ein zweiteiliger Schutz, der zunächst eine größere Fläche um die Pflanze herum vor Nässe und Regen schützt. In einem weiteren Schritt sollte direkt um die Pflanze ein luftiger Schutz in Form von Kokusmatten oder dergleichen angebracht werden. Ein Heizkabel oder zumindest ein Lichtschlauch sollten ebenfalls zum Einsatz kommen. Unter diesen Bedingungen ist ein Freilandversuch erfolgsversprechend und die Pflanze treibt im kommenden Frühjahr neu aus.
Sie benötigt direkte Sonneneinstrahlung sowie reichlich Wasser und Dünger.

**▲ Palmen — Kaum eine andere Pflanze verkörpert so sehr die Sehnsucht nach Sommer, Sonne und Strand.**
**Nicht selten endet ein Urlaub unter Palmen mit dem Wunsch, dieses Gefühl ein wenig in den Alltag zu retten. Mit der Auswahl geeigneter Palmen kann es gelingen, dem eigenen Garten ein südländisches Flair zu verleihen. *Trachycarpus fortunei* (links im Bild) gehört dabei sicherlich zur ersten Wahl!**

# Palmen

## Wissenswertes

Keine andere Pflanzenfamilie hat je die Menschen mehr bewegt und magisch in ihren Bann gezogen als die Palmen. Für den deutschen Urlauber sind sie meist das Sinnbild des Südens und stehen für Sonne, Strand und Meer. Für andere wieder sind sie neben dem Wasser der Urquell allen Lebens.

Während in den Wüstenregionen Afrikas die Dattelpalme von riesiger Bedeutung ist, übernimmt in den Küstenregionen Südostasiens und anderen Tropenregionen die Kokospalme diese Rolle. Ein schmackhaftes Fruchtfleisch liefert auch die aus Indonesien stammende Salakpalme mit ihren recht anmutenden Früchten.
Zu erwähnen wäre noch die bei uns als winterhart eingestufte, recht stattlich aussehende Chilenische Honigpalme. Früher wurde aus den älteren, extra dafür gerodeten Palmen, ihr zuckerhaltiger Saft entnommen, der wiederum zu Palmhonig weiter verarbeitet wurde, was glücklicherweise längst verboten ist. Eine besondere Bedeutung als Nutzpflanze im südostasiatischen Raum erlangt ebenfalls die Rattanpalme, die zur Möbelverarbeitung und die Rinde für Flechtarbeiten, Matten und dergleichen verwendet wird.

Einen anderen Fokus als auf die Verwendung als Nutzpflanze richtet der fernwehgeplagte Pauschal- oder Individualreisende auf die Vielfalt der Palmen. Wer kann schon einer sanften Verführung von ewig säuselnden Palmen der Südsee oder einem unvergesslichen Sonnenuntergang am Strand unter wiegenden Palmen widerstehen? Und nicht selten endet so ein Urlaubserlebnis mit dem Wunsch, ein gewisses südländisches Flair mit einem lauschigen Plätzchen unter Palmen im eigenen Garten zu verwirklichen.
Wer glaubt, Palmen würden nur in den von der Sonne verwöhnten Gebieten unserer Erde gedeihen, der irrt gewaltig! Mehrere Arten haben sich in verschiedenen Gebirgsregionen Asiens an ein extremes Klima angepasst und wachsen an ihren Naturstandorten selbst noch in größeren Höhenlagen bei frostigen Wintern, Eis und Schnee. Das beste Beispiel ist die im Himalaja in bis zu 2400 m Höhe anzutreffende *Trachycarpus takil*. Auch bei uns in Deutschland gibt es gleich mehrere, klimatisch begünstigte Gebiete, in denen die erfolgreiche Freilandbepflanzung von Palmen ohne Winterschutz möglich ist, wie beispielsweise das Rheingebiet, Weinbaugebiete und die Küstenregionen. Zusätzlich begünstigen schützende Innenhöfe, Häusernischen, Mauern aber auch Bäume, Sträucher

***Trachycarpus fortunei***

▲ **Palmen im Garten - Kontrast- und Stilmittel**

und immergrüne Gehölze durch ihr besonderes Kleinklima die Auspflanzung von Palmen. Selbst eine Auspflanzung in kälteren Regionen ist bei entsprechendem Winterschutz möglich.

## Botanik

Die Familie der Palmengewächse, *Arecaceae,* setzt sich aus rund 2600 Arten zusammen, die in 200 Gattungen aufgeteilt werden. Es handelt sich meist um stammbildende oder auch kriechende, immergrüne Palmengewächse, oft mit Pfahlwurzeln oder als Flachwurzler. Wenige tropische Arten besitzen Stelz- oder Luftwurzeln. Die Giganten bilden die Wachspalmen mit einer Höhe von bis zu 60 m. Das Palmherz wird mit dem Stammwachstum in die Höhe geschoben. Die Blätter bestehen aus Stiel, Blattspreite sowie Mittelrippe und können bei der Gattung *Raphia* eine Länge von bis zu 25 m erreichen. Sie sind einfach oder doppelt gefiedert, unterschiedlich tief eingeschnitten und von feder- oder fächerartigem Aussehen. Gelegentlich sind sie mit Dornen bestückt. Die Blüten sind ein- oder zweihäusig. Der größte Blütenstand der Gattung *Corypha* besitzt bis zu 10 Millionen Blüten. Die Bestäubung

▼ **Urlaubsstimmung im eigenen Garten**

◄ **Ausgepflanzte Palmen sorgen für ein mediterranes Flair.**

kann sowohl durch den Wind, als auch durch Insekten, Vögel oder Fledermäuse erfolgen. Den größten und schwersten Samen bringt die Seyschellenpalme mit einem Gewicht bis zu 22 kg hervor.

## Kulturanleitung

Größere und ältere Palmen sind grundsätzlich robuster und frostunempfindlicher als kleine und junge Palmen. Die Pflanzen sollten beim Kauf also mindestens 4 bis 5 Jahre alt und 50 bis 60 cm groß sein.

• **Standort:** Wenn möglich Südseite auswählen! Ein windgeschützter Standort ist zudem immer vorzuziehen. Es darf auch mal die Westseite sein. Ausschlaggebend zum Überleben der Pflanze ist allein der geeignete Winterschutz!

• **Substrat:** Die günstigste Pflanzzeit ist das Frühjahr zwischen Ende April und Juni. Das Pflanzloch sollte mindestens 20-30 cm tiefer als der Wurzelballen sein, damit eine Drainage, beispielsweise aus Kieselsteinen, angelegt werden kann. Eine gute Komposterde mit etwas Laub, Sand, Kies, Lavagranulat oder Blähton sorgt für ein optimales Wachstum. Nach dem Setzen der Pflanze und dem Auffüllen der Grube die Erde gut festtreten. Anschließend das Ganze gut einschwemmen, damit die entstandenen Hohlräume für ein zügiges Wachstum gefüllt werden. Später vollends auf Höhe des Stammansatzes auffüllen.

▼ ▲ **Ein lauschiges Plätzchen unter Palmen lässt den Alltagsstress vergessen.**

**► Palmen unter Schnee — Bei der richtigen Pflanzenauswahl ist das kein Problem.**

**▲ Zusammengeschnürt und mit einer Lichterkette umwickelt, kann bei Bedarf die erste Folie über die Pflanze gezogen und mittels der Lichterkette geheizt werden. Nimmt die Kälte zu, wird zur weiteren Isolierung eine zweite Schlauchfolie verwendet.**

- **Gießen:** Die Wassergaben möglichst morgens oder in den Abendstunden vornehmen. Während der warmen Sommermonate Juli und August sollte kräftig mit abgestandenem Regenwasser gegossen werden, insbesondere bei anhaltender Trockenheit, da dies ansonsten zum Vertrocknen der Palmspitzen führen würde. Höhere Luftfeuchtigkeit bewirkt zudem ein prachtvolles Aussehen der Wedel.

- **Düngen:** Eine zweiwöchige Düngung während der Vegetationszeit von April bis September kräftigt die Pflanzen und fördert das Wachstum. Die Düngung sollte nur bei feuchtem Boden erfolgen. Es kann je nach Überzeugung mit flüssigem Palmendünger aber auch organisch gedüngt werden.

- **Schädlinge:** Während Pilzerkrankungen und Fäulnis über die Wintermonate durch Nässeeinwirkung bei ungeschützten, empfindlichen Palmen durchaus vorkommen, sind tierische Schädlinge in unserem Klimabereich eher selten anzutreffen. Ein angefaulter Trieb sollte sofort entfernt werden, um eine weitere Übertragung zu vermeiden. Zudem empfiehlt sich eine Behandlung mit entsprechenden im Handel erhältlichen Präparaten. Bei Schädlingen genügt oft ein mehrfaches Abspritzen mit dem Wasserschlauch.

- **Überwinterung:** Die Art der Überwinterung richtet sich nach der jeweiligen Pflanze, wie der zu erwartenden Kälte und Niederschlagsmenge. Die Erfahrungswerte zurückliegender Jahre sollten dabei eine wertvolle Hilfestellung bieten. In Regionen mit nur mäßig kalten Wintern kann man je nach

Palmenart ganz auf den Winterschutz verzichten. Dort, wo Temperaturen unterhalb von -10° C nicht außergewöhnlich sind, sollte Vorsicht geboten sein.

Wichtig ist, den Wurzelbereich als empfindlichsten Teil mit einer 20-30 cm dicken Schicht abzudecken. Dies gelingt besonders gut mit nicht verrottenden, wärmenden und eine Luftzirkulation ermöglichenden Kokosfasern. Zusätzlich werden die Kokosfasern mit einer zum Stamm hin eingeschnittenen Folie abgedeckt. Der Stamm hingegen bleibt ungeschützt. Ebenso bleiben die Wedel ungebunden. Das Ganze wird mit einem Gestell aus Kantholz versehen und mit vier Erdspießen stabilisiert. Mit Noppenfolie versehen, ensteht ein ungeheiztes Kleingewächshaus um die Pflanze. Zur Lüftung sollte das Dach aus Noppenfolie aufstellbar sein. Wer diesen Aufwand scheut, dem sei die folgende, einfachere Methode empfohlen. Mit einer dicken Mulchschicht um die Wurzeln wird der Stamm mit Steinwolle oder Glasfasermatten versehen und mit einem Flies, Plastikfolie oder Jutesäcken schützend umbunden. Die Wedel über dem Vegetationspunkt nach oben hin zusammenbinden und mit einem Flies umwickeln.

Bei Kübelkultur den Topf gut mit Kokosmatte oder Luftpolsterfolie umwickeln und die Pflanze einfach auf eine Styroporplatte an einen vor Regen geschützten Platz stellen. Dies genügt in der Regel für die härtesten Palmenarten. Wer auf Nummer sicher gehen möchte, sollte seine Kübelpflanzen einräumen.

▲ **Beispielhafter Winterschutz für Palmen: Alljährlich im Herbst wird ein Kantholzgestell gebaut, welches anschließend mit Luftpolsterfolie verkleidet wird. Zusätzlich wird der Wurzelbereich an der Stammbasis mit Kokosfasern isoliert, die mit Folie vor Feuchtigkeit geschützt wird.**

◀ **Bestens geschützt übersteht die Palme den Winter problemlos.**

## *Chamerops humilis var. cerifera*

(blaue Zwergpalme)

**Herkunft:** Marokko, Atlasgebirge bis 1700 m Höhe
**Beschreibung:** mehrstämmige, buschige 2-3(-5) m hohe Palme; Blätter beiderseits silberblau, ca. 1 m lang; Blütenstände mit zahlreichen gelben Einzelblüten, in der Regel zweihäusig; orangefarbene, beerenartige, Steinfrüchte
**Kultur:** Hierbei handelt es sich um eine robuste, pflegeleichte und langsam wachsende Schönheit. Standort eher vollsonnig als halbschattig. Die Frosttoleranz beträgt -15°C. Dennoch sollte sie mit einem guten Winterschutz versehen werden.

## *Chamerops humilis vulcano*

(Zwergpalme)

**Herkunft:** Italien, Sizilien
**Beschreibung:** kleine 2-4 m hohe, robuste Fächerpalme von gedrungenem Wuchs, dichten Horst bildend mit grasgrünen, kurzstieligen, ledrigen Blättern, kaum windanfällig und wenig bestachelt; gelbe Blütenstände im Frühsommer; Früchte beerenartige Steinfrüchte
**Kultur:** Der Standort sollte möglichst sonnig sein. Sie ist pflegeleicht, anpassungsfähig und mit einer Frosttoleranz -12 bis -15°C ausgestattet. Bei Auspflanzungen ist ein Winterschutz, wie in den einleitenden Seiten beschrieben, notwendig.

## *Jubea chilensis*

(Honigpalme)

**Herkunft:** Chile
**Beschreibung:** langsam wachsende, robuste und pflegeleichte bis 25 m hohe Fiederpalme, Stammdicke bis 1,5 m, Krone weit ausladend, besteht aus zahlreichen, festen, ledrigen, nahezu ungestielten Fiedern, Blütenbildung erstmals nach mindestens 30 Jahren
**Kultur:** Der Standort sollte möglichst sonnig, warm und geschützt sein. *Jubea chilensis* möchte nur mäßig gegossen werden. Die Frosthärte beträgt kurzfristig bis -15°C. Bei Freilandüberwinterung muss die Pflanze in den ersten Jahren unbedingt geschützt werden.

## *Nannorrhops ritchiana*

(Mazaripalme)

**Herkunft:** Afghanistan und Nordpakistan bis 1700 m
**Beschreibung:** Ausläufer treibende, kriechende oder aufrechte Schirmpalme mit bis zu 5 m hohem, verzweigtem Stamm oft mit mehreren, steifblättrigen, blaugrünen Fächerkronen; Blüten zwittrig; Früchte rund, orangebraun
**Kultur:** Mit einer Frosthärte bis -23°C kann *Nannorrhops ritchiana* getrost als winterhart bezeichnet werden. Ihr Wasserbedarf ist vergleichsweise gering, so dass während der Überwinterung eine absolute Trockenheit den Schlüssel zum Erfolg darstellt.

## *Rhapidophyllum hysterix*

(Nadelpalme)

**Herkunft:** Südöstliche USA
**Beschreibung:** kleinwüchsige, bis 2 m hohe oder kriechende Fächerpalme, langsamer Wuchs; Stamm dickfaserig, mit bis zu 20 cm langen Stacheln besetzt; Fächerwedel groß, blaugrün, unterseits silbrig glänzend, tief eingeschnitten; Blüten gelblich, zwittrig; Früchte braun, bis 2 cm lang
**Kultur:** Diese Art ist ein absolutes Schmuckstück für jeden Palmenliebhaber. Sie toleriert Frost bis -23°C und kann daher in vielen Gebieten als freilandtauglich angesehen werden.

## *Sabal minor*

(Zwergpalmetto)

**Herkunft:** Südöstliche USA
**Beschreibung:** kriechende Fächerpalme, seltener Wuchs mit aufrechtem Stamm; Blätter blaugrün, tief eingeschnitten, fast bis zum Blattstiel; Blüten in duftenden, weißen, mehrblumigen Blütenständen; schwarze Beerenfrüchte
**Kultur:** Hierbei handelt es sich um eine der frosthärtesten Palmen. Die langsamwachsende und pflegeleichte *Sabal minor* besitzt eine Frosttoleranz bis zu -20°C. Bei Freilandüberwinterung empfiehlt sich ein Nässeschutz. Kübelpflanzen an einem geschützten und möglichst hellen Ort überwintern.

## *Trachycarpus fortunei*

(Hanfpalme)

**Herkunft:** Japan, Nordchina bis 2500 m Höhe
**Beschreibung:** bis 10 m hohe, robuste Fächerpalme mit faserigem Stamm; Blätter bis 1 m breit; Blüten zweihäusig, männliche auffallend gelb, weibliche grünlich-gelb; Früchte blaue, glatte, nierenförmige Beeren
**Kultur:** Mit einer Kältetoleranz bis zu -18°C ist *Trachycarpus fortunei* in milden Gegenden absolut winterhart und hat sich dort längst etabliert. Sinken die Werte unter -10°C empfiehlt sich ein Winterschutz, der den Verlust einiger Blätter verhindert.
Die Hanfpalme bevorzugt einen sonnigen bis halbschattigen, windgeschützten Standort. Das Substrat sollte leicht sauer, nährstoffreich und durchlässig sein. Durch ausgiebiges, möglichst kalkarmes Wässern wird ein Wachstumsschub ausgelöst. Bei zu hohen Temperaturen erfolgt im Sommer ein Wachstumsstopp.
Ihre Blüte erfolgt bereits nach wenigen Jahren, ab einer Stammhöhe von 80-100 cm zuverlässig. Auf Grund ihrer geringen Ansprüche ist sie die ideale Palme für den Einsteiger. Ebenfalls bestens als Kübelpflanze geeignet.
Vorsicht bei der Pflanzenwahl! Viele Billigangebote wurden unter warmen Bedingungen schnell herangezogen und sind keine Kälte gewohnt.

## *Trachycarpus princeps*

(Marmor Hanfpalme)

**Herkunft:** Westchina, 1500 bis 2000 m Höhe
**Beschreibung:** bis 10 m hohe Fächerpalme; halbkreisförmige Fächerwedel, oberseits dunkelgrün, unterseits silber-weiß; Blüte unbekannt
**Kultur:** *Trachycarpus princeps* stellt die schönste und deshalb begehrteste Hanfpalmenart dar. Bereits Jungpflanzen zeigen die charakteristische silberne Färbung der Blattunterseiten. Der Standort sollte vollsonnig und warm gewählt werden. Mit einer Frosttoleranz von bis zu -15°C kann diese Art mit entsprechendem Winterschutz ausgepflanzt werden.

## *Trachycarpus takil*

(Kumaon-Hanfpalme)

**Herkunft:** Nordindien, Himalaya, (Kumaon, Uttar Pradesh), 1500-2700 m Höhe
**Beschreibung:** bis 12 m hohe Fächerpalme mit braunfaserigem Solitärstamm, sehr ähnlich der *T. fortunaei*, aber in allen Pflanzenteilen größer
**Kultur:** Diese Art zählt mit ihrer Frostverträglichkeit von bis zu -18°C zweifellos zu den härtesten Palmen. Am Naturstandort vom Aussterben bedroht, findet sie sich in unseren Breiten immer häufiger im Garten wieder. Der Standort sollte möglichst sonnig und warm sein. Bemerkenswert ist der asymetrische Blattansatz am Blattstiel.

## *Trachycarpus wagnerianus*

(Wagners Hanfpalme)

**Herkunft:** vermutlich China, bis 2500 m Höhe
**Beschreibung:** kleine, etwas gedrungene, 3-5 (-8) m hohe, robuste Fächerpalme, oberer Teil des Stammes braunfaserig, der untere Teil bleibt kahl; Fächerwedel dunkelgrün, tief eingeschnitten, bis 50 cm breit; Blüte gelblich, ähnlich *T. fortunei*
**Kultur:** An einem sonnigen, warmen und geschützten Standort ist diese Art in weiten Teilen Deutschlands winterhart. Die Frosttoleranz beträgt bis zu -18°C. Sie hinterlässt auch als Kübelpflanze einen hervorragenden Eindruck.

## *Trithrinax campestris*

(Blaue Nadelpalme)

**Herkunft:** Argentinien, Bolivien
**Beschreibung:** prachtvolle, dicke und meist mehrstämmige, bis 8 m hohe Fächerpalme, ausläufertreibend; Stamm von dichtem, stacheligem Fasergewebe umhüllt; Wedel eingeschnitten, blaugrün mit harten Dornen an den Spitzen; Blüten gelb, duftend; Früchte gelbe Beeren
**Kultur:** Diese sehr robuste Palmenart verlangt einen vollsonnigen Standort mit durchlässigem Erdreich. Bei einer Frosthärte von -12 bis -15°C ist ein Winterschutz erforderlich. Die Überwinterung sollte möglichst trocken erfolgen.

▲ **Diese Blütenpracht ist einer der Hauptgründe, warum sich die Passionsblumen immer größerer Beliebtheit erfreuen. Eine solche Vielfalt ist aber nur bei einer warmen Überwinterung möglich. Bei den winterharten Passionsblumen reduziert sich die Farbenpalette im wesentlichen auf Weiß, Blau, Violett und Dunkelpurpur, fast Schwarz. Das beliebte Rot fehlt vollständig, da man grundsätzlich sagen kann, dass alle roten Passionsblumen wärmebedürftig sind.**

# Passionsblumen

von Torsten Ulmer

## Wissenswertes

Wohl kaum eine andere Pflanze vereint exotische Schönheit mit einer derart mythischen Geschichte um ihre Namensgebung. Von allen Pflanzen der neuen Welt waren es die Passionsblumen, die im 16. und 17. Jahrhundert in Europa die größte Bewunderung erfuhren. Dies lag nur zum Teil an ihrer

Schönheit. Vielmehr wurden viele Blütenmerkmale in Zusammenhang mit der Leidensgeschichte Jesu gebracht, so dass die Pflanze fortan als Sinnbild der Passion Christi galt. So wurden der Strahlenkranz als Dornenkrone, die 3 Griffel als die Nägel, die Anzahl der Staubgefäße als die 5 Wundmale, der gestielte Fruchtknoten als der Kelch des letzten Abendmahls, die Anzahl der Blütenblätter als die 10 Apostel, die bei der Kreuzigung anwesend waren, gedeutet. In Folge zahlreicher Veröffentlichungen in der damaligen Zeit wurde der Pflanze geradezu ein mythischer Nimbus verliehen. So kam es, dass sich der Name *Passiflora* (passio = das Leiden, flos = die Blüte), der erstmals 1651 auftauchte, gegenüber anderen Bezeichnungen, die die Früchte in den Mittelpunkt stellten, wie z.B. Grenadilla (kleiner Grantapfel) durchsetzen konnte.

Mittlerweile hat es sich herumgesprochen, dass ein Teil der Passionsblumen tatsächlich frosthart, teilweise sogar winterhart ist. Diese kälteverträglichen und robusten Passionsblumen erfreuen sich hierzulande immer größerer Beliebtheit. Dies liegt zum einen an den alljährlichen Kulturerfolgen, zum anderen an der immer größer werdenden Palette an frostresistenten Arten und Sorten. Mittlerweile sind rund 30 Passionsblumen erhältlich, die Temperaturen unterhalb des Gefrierpunktes ertragen. Die mit Abstand härteste Vertreterin ist *Passiflora caerulea* einschließlich ihrer verschiedenen Zuchtformen, die Temperaturen bis -15°C toleriert. Sehr beliebt ist ebenfalls die staudige *Passiflora incarnata*. Während die letztgenannte alljährlich bis zum Grund abstirbt, behalten die übrigen winterharten Passionsblumen bis -5°C ihre Blätter. Oft tritt der große Laubfall erst im Januar oder Februar auf.

***Passiflora caerulea* - die himmelblaue Passionsblume**

## Botanik

Passionsblumen gehören zu der Familie *Passifloraceae*, die 19 Gattungen beinhaltet. Mit rund 530 Arten bilden sie die größte Gattung innerhalb der Familie. Ihr Hauptverbreitungsgebiet erstreckt sich über Mittel- und besonders Südamerika. Nur sehr wenige Arten dringen bis nach Nordamerika vor. In Südostasien, sowie in Australien und Ozeanien ist ebenfalls eine kleine Gruppe beheimatet.

▶ **Die Früchte der Passionsblumen zeigen eine große Vielfalt. Nur ein Teil der Früchte eignet sich zum Verzehr.**
**Einige aromatische Passionsfrüchte sind hierzulande im Handel als Maracuja oder Grenadilla (auch Granadilla) erhältlich. Aus ihren Samen lassen sich leicht Pflanzen ziehen, die leider keinen Frost vertragen und entsprechend warm überwintert werden müssen.**

Bei den Passiflora-Arten handelt es sich keineswegs durchweg um Kletterpflanzen, wie man leicht anhand der hierzulande kultivierten Pflanzen meinen könnte. Eine kleine Gruppe von etwa 20 Passionsblumen wächst zu kleinen Bäumen heran.

▼ **Die Früchte der *P. caerulea* sind essbar, erreichen aber nicht das Aroma der im Handel angebotenen Früchte.**

Mit ihren ungelappten oder 2- bis 9-gelappten Blättern besitzt wohl kaum eine andere Gattung so viele unterschiedliche Blattformen. Beachtlich ist ebenfalls der Größenunterschied der Blätter, der von 0,5 bis 95 cm reicht. Diese Vielfalt ist das Ergebnis einer Koevolution mit der Schmetterlingsgattung *Heliconius*, deren Raupen sich von den Passionsblumen ernähren. Über die Jahrtausende wurden solche Pflanzen selektiert, deren Blätter sich kaum von der typischen Begleitflora unterschieden. Diese Tarnung führte dazu, dass die Pflanzen den Schmetterlingen bei der Suche nach geeigneten Plätzen für die Eiablage immer weniger auffielen.

Die außerordentlich kompliziert gestalteten Blüten mit ihrem typischen Strahlenkranz sind in ihrer Form, Struktur und Färbung sehr unterschiedlich. Von unauffälligen Grün und Weiß über Gelb, Blau, Violett, Purpur, Orange bis zu spektakulärem Rot reicht die Farbenvielfalt. Die Größendifferenz der Blüten variiert von kleiner als 1 cm bis zu fast 20 cm. Ihre recht kurzlebigen Blüten bleiben gewöhnlich nur einen Tag geöffnet.

Bei den Früchten handelt es sich zumeist um Beeren mit einigen bis vielen Samen. Darunter sind über 60 Arten mit essbaren Früchten, wie die für ihr exotisches Aroma bestens bekannte Maracuja-Frucht. An den winterharten Passionsblumen können teilweise auch essbare Früchte reifen, allerdings erreichen diese keinesfalls die Qualität und den vorzüglichen Geschmack der wärmeliebenden Obstarten.

▲ **Durch gezielte Kreuzung ist es mittlerweile gelungen, tetraploide Hybriden mit größeren Blüten zu züchten. Darunter befindet sich mit *Passiflora* ´Clear Sky` (links) im Vergleich mit *P. caerulea* ebenfalls eine frostharte Sorte.**

## Kulturanleitung

• **Standort:** Passionsblumen benötigen einen möglichst sonnigen Standort, um reichhaltig zu blühen. Als Kletterpflanzen eignen sie sich hervorragend zur Begrünung von Pergolen, Zäunen, Regenfallrohren oder Hauswänden, die mit Rank-

◀ **Die mit Abstand härteste Passionsblume ist *Passiflora caerulea.* Ihre vollständige Winterhärte von -15°C und teilweise darüber hinaus entwickelt sie mit den Jahren. Ein- und zweijährige Pflanzen sollten mindestens mit einem Winterschutz aus Rindenmulch und Tannenzweigen rund um die Stammbasis versehen werden.
Alternativ können die Jungpflanzen für die ersten Jahre im Kübel kultiviert werden, der zur Überwinterung eingeräumt wird.**

**► Vergleich winterharter Passionsblumen.**
**Obere Reihe von links nach rechts: *P. caerulea* ´Constance Eliott`, *P. caerulea* ´Chinensis`, *P. caerulea***
**Untere Reihe: *P.* ´Clear Sky`, *P. caerulea* ´Pierre Pomie`**

**▲ Passionsblumen im Schnee sind kein schöner Anblick, aber der nächste Sommer kommt bestimmt. ▼**

spalieren versehen werden müssen. Südwände sind besonders gut geeignet, da sie die Sonnenwärme speichern. Einen zusätzlichen Schutz vor Nässe bietet ein Dachvorsprung.
Der günstigte Zeitpunkt zum Auspflanzen der winterharten Passionsblumen ist das späte Frühjahr. Bis zum kommenden Winter haben die Pflanzen genügend Zeit sich zu verwurzeln und zu entwickeln. Nach 3-5 Jahren, wenn der Stamm knapp fingerdick ist, haben die Pflanzen ihre maximale Frosthärte erreicht.

• **Substrat:** Vom Naturstandort sind Passionsblumen ein leicht saures Substrat gewöhnt. In unseren Breiten kommen sie eigentlich mit den meisten Gartenböden gut zurecht. Bestehen Zweifel kann man den Aushub des 30 x 30 cm großen Pflanzloches mit torfiger Blumenerde durchmischen.
Auf einen guten Wasserabzug ist unbedingt zu achten. Ansonsten besteht die Gefahr, dass die Pflanze nach tagelangem Dauerregen im Herbst oder Winter an Wurzelfäule zu Grunde geht. Darüber hinaus steht und fällt die Winterhärte mit der Bodenfeuchtigkeit. Nur in einem vergleichsweise trokkenem Boden kann die Passionsblume ihre volle Winterhärte entfalten. Daher sollte das Erdreich zwei Spatenstiche tiefer ausgehoben und mit Sand, Kies oder Tonscherben durchmischt werden, bevor die Pflanze eingesetzt wird.

• **Gießen/Düngen:** Im Sommer, wenn der tägliche Längenzuwachs mehrere Zentimeter betragen kann, muss häufig gegossen werden. Es empfiehlt sich, die Pflanzen wöchentlich mit dem Gießen zu düngen oder einen Depotdünger auszubringen. Es muss nicht der teuerste Dünger sein, allerdings sollte ein ausgewogener Dünger verwendet werden, der alle

**Ein hilfreicher Tipp:**

**Werden Sie nicht ungeduldig, wenn Ende April die Clematis nebenan bereits üppig blüht und sich an Ihrer Passionsblume nicht ein einziger Austrieb zeigt.**
**Winterharte Passionsblumen treiben deutlich später, manchmal erst Ende Mai aus. Und selbst wenn der oberirdische Teil komplett verfroren sein sollte, besteht immer noch die Möglichkeit, dass aus den Wurzeln neue Triebe entwachsen.**

Mineralstoffe und Spurenelemente in ausreichender Menge enthält: Stickstoff (N) 10-12%, Phosphat ($P_2O_5$) 8-12%, Kaliumoxid ($K_2O$) 10-15%. Ein Dünger mit einer solchen Zusammensetzung kann von Mai bis Juli verwandt werden. Durch eine gezielte Erhöhung der Kali-Konzentration auf 20-30% (Hakaphos rot®) kann ab Spätsommer die Pflanzenstruktur gekräftigt und somit die Frosttoleranz der Passionsblumen erhöht werden.

• **Rückschnitt:** Abgesehen von einem möglichen Korrekturschnitt im Herbst sollte der eigentliche Rückschnitt im Frühjahr erfolgen. Dann werden die erfrorenen Triebe herausgeschnitten. Zusätzlich können dabei die grünen Triebe etwas eingekürzt werden, was die Bildung von Seitentrieben und somit die vermehrte Knospenbildung anregt.

• **Überwinterung:** Es empfiehlt sich - wenn möglich - die winterharten Passionsblumen im Boden auszupflanzen. Ihre Frosttoleranz ist tief verwurzelt im Erdreich am höchsten. Mit einigen Vorsichtsmaßnahmen ist die Überwinterung im Kübel auf der Terrasse oder dem Balkon ebenfalls möglich. Es gilt den Topf besonders vor Nässe und dem gröbsten Frost zu schützen. Ein geschützter Unterstand in unmittelbarer Nähe des Hauses wäre optimal. Zusätzlich kann der Kübel mit Luftpolsterfolie eingewickelt und auf Styroporplatten gestellt werden. Ein leichter Winterschutz des Wurzelhalses mit Tannenzweigen, Stroh oder Laub ist in in jedem Fall anzuraten. Einen sehr guten Effekt kann man mit einer kleinen Latten-/Folienkonstruktion erzielen, die man quasi wie ein winziges Anlehngewächshaus vor die Wand, Mauer oder Pergola stellt.

**Ein hilfreicher Tipp:**

**Im August geschnittene Stecklinge sind in Anzuchterde, bei 20-25°C und hoher Luftfeuchtigkeit leicht zu bewurzeln. Stecklinge der *P. caerulea* wurzeln sogar im Wasserglas. Auf diese Art und Weise können einige Jungpflanzen frostfrei überwintert werden, die im kommenden Frühjahr eventuelle Ausfälle kompensieren können.**

**◄ ▲ Eine sehr beliebte winterharte Passionsblume ist *Passiflora incarnata*. Sie vereint attraktive Blüten, essbare Früchte und die Verwendung als Heilpflanze miteinander.**
**Es sind verschiedene Klone im Umlauf, die sich in ihrer Blütenfarbe leicht unterscheiden.**

## *Passiflora caerulea*

**Herkunft:** Argentinien, Brasilien, Paraguay
**Beschreibung:** Kletterpflanze; Blätter fingerförmig, 5- oder 7-gelappt, 5-16 x 6-18 cm, dunkelgrün, ganzrandig; Blüten 7-9 cm im Durchmesser, Kelch- und Kronblätter weiß, Strahlenkranz bis 2,5 cm lang, an der Basis dunkelpurpur, fast schwarz, in der Mitte weiß, blau an der Spitze; Früchte orange, essbar
**Kultur:** Hierbei handelt es sich um die bekannteste und gleichzeitig härteste Passionsblume. Ausgepflanzte Exemplare überstehen ab dem zweiten Jahr Fröste bis -15°C und sogar kurzfristig darüber hinaus. An einem sonnigen Standort ist sie sehr blühfreudig.

## *Passiflora caerulea ´Chinensis`*

**Herkunft:** vermutlich eine Kreuzung: *P. caerulea* x *P. caerulea* ´Constance Eliott`
**Beschreibung:** Kletterpflanze; Blätter wie bei *P. caerulea*; Blüten 9-10,5 cm im Durchmesser, Kelch- und Kronblätter weiß, Strahlenkranz bis 2,5 cm lang, an der Basis purpur, darüber weiß, hellblau in der oberen Hälfte; Früchte essbar, orange, hühnereigroß
**Kultur:** Diese Sorte ist nicht ganz so blühfreudig wie die oben beschriebene *P. caerulea*. Dafür sind ihre Blüten etwas größer.

*P. caerulea* ´Chinensis` ist ebenfalls sehr frosthart und übersteht – im Boden ausgepflanzt – Werte bis -15°C.

## *Passiflora caerulea* ´Constance Eliott`

**Herkunft:** weißblütige Sorte, Herkunft unbekannt
**Beschreibung:** Kletterpflanze; Blätter wie bei *P. caerulea*; Blüten 8-10 cm im Durchmesser, Kelch- und Kronblätter weiß, Strahlenkranz bis 3 cm lang, weiß; Früchte orange, essbar
**Kultur:** Im Vergleich mit der nebenstehenden *P. caerulea* ist diese Sorte nicht ganz so blühfreudig, aber bis -15°C ebenso frosthart. Diese beiden Formen werden gerne zusammen kultiviert, damit durch Kreuzbestäubung Früchte gebildet werden, die essbares Fruchtfleisch enthalten. Einzelne Pflanzen bilden in der Regel nur taube Früchte aus.

## *Passiflora caerulea* ´Pierre Pomie`

**Herkunft:** unbekannt
**Beschreibung:** Kletterpflanze; Blätter wie bei *P. caerulea*; Blüten 8-9,5 cm im Durchmesser, Kelch- und Kronblätter weiß, Strahlenkranz bis 3 cm lang, an der Basis dunkelrosa bis hellpurpur, darüber weiß; Früchte orange, essbar
**Kultur:** *P. caerulea* ´Pierre Pomie` ist blühfreudig und stellt eine willkommene Erweiterung der frostharten Passionsblumen dar. Leider neigen die Blätter dazu, mit der Zeit gelbliche Flecken zu bekommen. Diese Sorte erreicht nicht ganz die Frosthärte der übrigen auf dieser Doppelseite vorgestellten Passionsblumen.

## *Passiflora* ´Clear Sky`

**Kreuzung:** ((*P. amethystina x P. caerulea*) x *P. caerulea*) x *P. caerulea*
**Beschreibung:** tetraploide Kletterpflanze; Blätter fingerförmig, meist 5-gelappt, 7-20 x 8-22 cm, dunkelgrün, ganzrandig; Blüten 9-11 cm im Durchmesser, Kelch- und Kronblätter weiß, Strahlenkranz bis 3 cm lang, an der Basis dunkelpurpur, fast schwarz, in der Mitte weiß, blau an der Spitze; kein Fruchtansatz
**Kultur:** Diese Hybride ähnelt stark der *P. caerulea,* zeichnet sich aber durch größere Blüten aus. Das Blau im Strahlenkranz ist ab Spätsommer am intensivsten. Die Frosthärte beträgt bis zu -15°C.

## *Passiflora x colvillii*

**Kreuzung:** *P. incarnata x P. caerulea*
**Beschreibung:** Kletterpflanze; Blätter fingerförmig, 5-gelappt, 7-12 x 9-15 cm, leicht gesägt; Blüten 7-9 cm im Durchmesser, Kelch- und Kronblätter weiß, Strahlenkranz bis 3,5 cm lang, an der Basis dunkelpurpur, in der Mitte weiß, darüber lavendelfarben; Früchte oval, dunkelgelb, essbar
**Kultur:** Ebenso wie die Eltern dieser Kreuzung kann *P. x colvillii* bei entsprechendem Winterschutz im Freiland überwintert werden. Obwohl die Frosttoleranz etwa -15°C beträgt, entwickelt sie sich dennoch als Kübelpflanze, die kühl aber frostfrei überwintert wird, wesentlich besser.

## *Passiflora* ´Guglielmo Betto`

**Kreuzung:** *P. incarnata x P. tucumanensis*
**Beschreibung:** Kletterpflanze; Blätter 3-gelappt, 7-12 x 6-10 cm, teilweise leicht gesägt; Blüten 7-8 cm im Durchmesser, Kelch- und Kronblätter weiß, Strahlenkranz bis 3 cm lang, violett und weiß gebändert, obere Hälfte gewellt; Früchte in der Regel fehlend
**Kultur:** Mit einer Kältetoleranz bis zu -12°C ist *P.* ´Guglielmo Betto` nur in milden Gegenden als winterhart anzusehen. Ansonsten besser als Kübelpflanze halten, die erst spät eingeräumt und kühl aber hell überwintert werden kann.

## *Passiflora incarnata*

**Herkunft:** Nordamerika
**Beschreibung:** staudige Kletterpflanze; Blätter 3-gelappt, 6-15 x 7-17 cm, gesägt; Blüten 6-8 (-9) cm im Durchmesser, duftend, Kelch- und Kronblätter weißlich mit einem Hauch Rosa, Purpur oder Lavendel, Strahlenkranz bis 2,5 cm lang, dunkelrosa bis purpur oder hellviolett, gewellt; Früchte essbar, oval, grünlich-gelb
**Kultur:** Bei dieser staudigen Art sterben alljährlich im Herbst die oberirdischen Triebe ab. Lediglich die fleischigen Wurzelrhizome, die erst im dritten Jahr ihre volle Winterhärte von -15°C entfalten, überwintern. Neuaustrieb erfolgt im Mai oder Juni. Vor Nässe schützen!

## *Passiflora incarnata alba*

**Herkunft:** Nordamerika, weißblütige Sorte
**Beschreibung:** staudige Kletterpflanze; Blätter wie bei *P. incarnata*; Blüten 6-7 cm im Durchmesser, Kelch- und Kronblätter weiß, Strahlenkranz bis 2,5 cm lang, weiß, gewellt; Früchte essbar, oval, grünlich-gelb
**Kultur:** Die Kulturansprüche dieser weißblütigen Variante stimmen mit denen der *P. incarnata* überein. Mitunter kann ein später Austrieb in Kombination mit einem schlechten Sommer dazu führen, dass die Pflanze nicht so üppig blüht. Sicherer ist die Kübelkutur mit Einräumen in ein Winterquartier.

## *Passiflora* ´Incense`

**Kreuzung:** *P. incarnata x P. cincinnata*
**Beschreibung:** Kletterpflanze; Blätter 5-gelappt, 7-20 x 9-22 cm, gesägt; Blüten 9-12 cm im Durchmesser, duftend, Kelch- und Kronblätter violett, Strahlenkranz bis 4 cm lang, hell- und dunkelviolett, gewellt; Früchte in der Regel fehlend
**Kultur:** Auf Grund ihrer Blütenfärbung stellt *P.* ´Incense` zweifellos die attraktivste der frostharten Passionsblumen dar. Leider ist sie mit einer Frosthärte bis -8°C selbst mit Winterschutz kaum für das Auspflanzen im Garten geeignet. Vielmehr empfiehlt sie sich für die Kübelkultur mit frostfreier Überwinterung.

## *Passiflora lutea*

**Herkunft:** Nordamerika
**Beschreibung:** Kletterpflanze; Blätter 3-gelappt, 2-10 x 2,5-15 cm, ganzrandig; Blüten 1,5-2 cm im Durchmesser, Kelch- und Kronblätter gelblich-grün, Strahlenkranz bis 0,5-1 cm lang, dunkelpurpur an der Basis, darüber gelblich-grün; Früchte rundlich, ca. 1 cm lang und breit, schwarz
**Kultur:** Diese staudige Art stirbt alljährlich im Winter oberirdisch ab und treibt aus den verdickten Wurzelrhizomen ab Mitte Mai wieder neu aus. *P. lutea*, die Temperaturen bis -15°C toleriert, unterscheidet sich von den anderen hier vorgestellten Passionsblumen.

## *Passiflora tucumanensis*

**Herkunft:** Argentinien, Bolivien
**Beschreibung:** Kletterpflanze; Blätter 3-gelappt, 2,5-9 x 4-13 cm, ganzrandig; Blüten nickend, 4,5-5,5 cm im Durchmesser, Kelch- und Kronblätter weiß, Strahlenkranz bis 2 cm lang, violett und weiß gebändert; Früchte kugelig, 2-3 cm, gelblich-grün
**Kultur:** Mit *P. tucumanensis* befindet sich eine weitere Art in Kultur, die mit einer Frosthärte von -10 bis -12°C in milden Gebieten ausgepflanzt werden kann. Winterschutz erforderlich! Seit einigen Jahren ist ein tetraploider Klon mit größeren Blüten erhältlich.

▲ **Die mit Eiskristallen umgebene Frucht der *Citrus trifoliata* veranschaulicht auf hervorragende Weise, dass zahlreiche Exoten hierzulande im Freiland überwintert werden können.**

# Citruspflanzen

von Bernhard Voß

## Wissenswertes

Kommerzieller Citrusanbau kommt in Europa in der Regel bis zum 40. Breitengrad, vornehmlich in Spanien und Südgriechenland vor. Einzelne Anbauregionen finden sich in besonders geschützten Lagen bis zum 45. Breitengrad, beispielsweise auf Korsika. Dort werden bereits vermehrt frühreifende, frostbeständigere Sorten wie die Satsuma Mandarine angebaut, um eventuell auftretenden Frosteinbrüchen vorzubeugen. Durch die Klimaveränderungen der letzten Jahrzehnte, welche sich in einer um bis zu 3°C höheren Jahresdurchschnittstemperatur bemerkbar machen, verschiebt sich die Ausbreitungsgrenze für den Citruspflanzenanbau langsam nach Norden. Temperaturen unter -15°C werden in den gemäßigteren Lagen Nordeuropas, welche früher im Winter des öfteren Frosteinbrüche bis zu -25°C zu verzeichnen hatten, nur noch sehr selten erreicht. Erstmals können daher Anbauversuche mit besonders frostharten Sorten in geschützten Lagen und in den klassischen Weinbauregionen Deutschlands erfolgen.

## Botanik

Citruspflanzen gehören zur Familie der Rautengewächse (*Rutaceae*). Es sind immergrüne Bäume oder Sträucher mit in der Regel grüner Rinde der gemäßigten Zone, Subtropen und Tropen mit oftmals einteiligen Blättern und mehr oder weniger stark geflügelten Blattstielen. Eine Ausnahmestellung nimmt die einzige laubabwerfende Art, *Citrus trifoliata* ein, die zudem dreiteilig gefiederte Blätter hervorbringt.
Die Blüten sind weiß, gelegentlich mit violett überhauchten Blütenknospen, meistens mit 5 angedeuteten Kelchblättern, in der Regel 5, seltener 4 oder 6-7 Blütenblättern, ca. 20 Staubgefäßen und einem normalerweise geschlossenem Fruchtknoten mit 3 bis 20 Samenanlagen. Der Fruchtknoten sitzt auf einem „Diskus“, einer etwas erhöhten Plattform. Diese Form der Blüte wird Gipfelblüte genannt. Die Frucht ist eine Beere, die aus Rinde, Fruchtsegmenten, in denen Saftschläuche und Samen enthalten sind und dem weißen Mark besteht. Sie hat eine grüne bis orangefarbene Schale, die dicht mit Ölzellen besetzt ist.

*Citrus* ´Swingle Citrumelo`

## Kulturanleitung

**• Standort und Winterschutz:**
Citruspflanzen sind Südfrüchte, auch die frosthärteren Sorten und Selektionen sind für jedes Grad mehr Temperatur und jeden Sonnenstrahl, der sie extra erreicht,

▲ **Geschützte Spalierpflanzung verschiedener Citrus-Sorten vor Hauswand mit Dachvorsprung**

dankbar. Besonders gut geeignete Standorte sind deswegen windgeschützt und bieten möglichst auch Schutz vor nächtlichen Kahlfrösten. Sehr gute Erfahrungen wurden mit Südwänden aus roten Ziegelsteinen gemacht, an denen die Pflanzen als Spalierobst wachsen. Idealerweise ist oberhalb der Pflanzen ein Vorsprung der gegen die Kahlfröste schützt. Alternativ können die Pflanzen auch über Winter mit einer Gaze, welche oberhalb an einem waagerechten Draht angebracht wird, abgehängt werden.

Der Boden sollte möglichst dunkel sein, um bei Sonneneinstrahlung gut Wärme speichern zu können. Eine im Winter bis zu 20 cm dicke  Rindenmulchauflage – auch zur Abwehr von Unkraut – hat sich bewährt. Zudem stellt der Rindenmulch eine weitere Isolation gegen Fröste dar und schützt die Veredelungsstelle. Im Sommer reichen 5 bis 10 cm Rindenmulch. Schattierende Bäume oder Gebäude im Umfeld der Pflanzstelle gilt es zu vermeiden.

Eine weitere gute Möglichkeit Citruspflanzen im Freiland auszupflanzen, ist sie in einen ungeheizten, unisolierten Wintergartenanbau, Anlehngewächshaus, Folientunnel oder Gewächshaus zu pflanzen. Hier haben sie optimalen Schutz vor Wind und Kahlfrösten. Durch die nicht erfolgte Isolierung dieser Standorte bleibt es im Winter ausreichend kalt, damit die Pflanzen nicht aus ihrer Winterruhe gebracht werden, was sehr wichtig ist.

• **Erde und Nährstoffe:** Da die meisten frosthärteren Sorten auf der dreiblättrigen Orange (*Citrus trifoliata*) veredelt sind, benötigen die Citruspflanzen einen nährstoffreichen, neutralen bis leicht sauren Boden mit guter Wasserspeicherfähigkeit.

<u>**Ein hilfreicher Tipp:**</u>

**Bevor eine Pflanze gesetzt wird, sollte zuerst an dem in Frage kommenden Standort eine Minimum-Maximum-Messung durchgeführt werden, um zu entscheiden, welche Citrus-Sorte für diese Bedingungen geeignet ist.**

► **Blühende *Citrus trifoliata* in der Frühjahrssonne**

*C. trifoliata* als Veredelungsunterlage bildet einen kompakten Wurzelballen ohne Pfahlwurzel. Die Nährstoffversorgung ist auch bei im Freiland ausgepflanzten Citri wichtig. Nicht jeder Boden versorgt die Pflanzen ausreichend mit Stickstoff und Kali. Eine Zusatzdüngung im Frühjahr und unterstützende Bewässerung bei Trockenphasen in der Wachstumszeit danken auch länger ausgepflanzte Citrusbüsche mit beeindruckendem Neuzuwachs. Zu beachten ist, dass als Spalier an Hauswände gesetzte Pflanzen mit leichtem Überdach teilweise nicht ausreichend Regenwasser abbekommen, da der Wurzelballen von der schwach wachsenden dreiblättrigen Orange oft weniger Volumen als die Krone entwickelt. Diese Spalierbäumchen müssen dann also öfter gewässert werden.

Zum Herbst hin sollte auf keinen Fall Dünger ausgebracht werden, auch das Gießen kann etwas reduziert werden, damit die Pflanzen nicht noch durch einen milden Herbst zu einem Neuaustrieb angeregt werden.

Bei Neupflanzungen bietet es sich an, den Pflanzen sogleich in das Pflanzloch zu 50% mit der Gartenerde gemischtes, grobes Torf- oder Kokoskultursubstrat zu füllen. Ein Pflanzloch von 50 x 50 x 40cm (Breite x Tiefe x Höhe) ist das Minimum für dreijährige Jungpflanzen. Die Nährstoffzugabe im Frühjahr beginnt mit Austrieb (März-April) und sollte im Juli spätestens enden, um einen frühen Triebabschluss zu gewährleisten. Als Dünger eignet sich jeder stickstoff- und kalibetonte Volldünger, bei Langzeitdünger reicht eine Düngergabe im Frühjahr. Bitte die Dosierungsanweisung der Packung beachten!

**• Schädlinge, Krankheiten und Überwinterungsschäden:**

Ausgepflanzte Citruspflanzen werden in unseren Breiten kaum von Schädlingen befallen. Einzelne Schildläuse können manuell entfernt werden, ein eventuell im Frühjahr auftretender Blattlausbefall bei sehr früh austreibenden Sorten kann mit einer Kaliseifenlaugenspritzung (Nerudosan®) bekämpft werden.

Unreife Triebe eines spätsommerlichen beziehungsweise frühherbstlichen Austriebes können von Botrytis (Grauschimmelpilz) befallen werden. Da diese Triebe nicht die nötige Reife zur Frosthärte besitzen, sollten sie vorbeugend entfernt werden.

Wühlmäuse sind bei ausgepflanzten Büschen eine Gefahr, sie nagen auch Citruswurzeln gerne an.

Typische Frostschäden bei Überwinterung im Freiland sind durch Frost aufgeplatzte Rindenbereiche, meistens dort, wo die Sonne den Zweig oder Stamm erreicht hat. Nach dem Auftauen geht daraufhin oft der gesamte Kronenbereich oberhalb der aufgeplatzten Stelle ein. Ein Verbinden der abgeplatzten Rindenbereiche hilft hier nicht mehr.

## Citruspflanzen und ihre Frosthärte

**Sehr wichtig für eine gute Frosthärte ist immer die im Vorfeld gut erfolgte Versorgung der Pflanze mit Wasser und Nährstoffen sowie die Tatsache, dass sich die Pflanze in Winterruhe befindet. Ebenso ist die Dauer und die Anzahl der Frostzyklen von entscheidender Bedeutung für das Überleben.**
**Die nachfolgenden Angaben beziehen sich auf gut versorgte, voll in Winterruhe befindliche Pflanzen ohne Winterschutz, welche ab den angegebenen Temperaturen beginnen, sichtbare Schäden zu zeigen.**

**Frosthart bis - 23°C (Zone 6a)**
- ***Citrus trifoliata***
- ***Citrus trifoliata* ´Flying Dragon`**

**Frosthart bis - 18°C (Zone 7a)**
- ***Citrus ichangensis* (ausgewählte Klone)**
- **Hybride *C. ichangensis* x *C. trifoliata* (laubabwerfend)**

**Frosthart bis -15°C (Zone 7b)**
- ***Citrus ichangensis* (restliche Klone)**
- **Citrumelos (*C. trifoliata x C. paradisi*)**
- **Ichangquat (*C. ichangensis x C. margarita*)**

**Frosthart bis -12°C (Zone 8a)**
- **Citrangen (*C. trifoliata* x *C. sinensis*)**
- **´Yuzu`/ *C. junos* (*C.ichangensis x C.reticulata*)**
- **Citsuma ´Prag` (Satsuma x *C. trifoliata* Hybrid)**

**Frosthart bis - 10°C (Zone 8b)**
- **Ichang Lemon / *C. wilsonii* (*C.ichangensis x C.maxima*)**
- **Ichangensis Hybrid Nr.3**
- **Keraji Mandarine / *C.keraji***
- **Mehrfachhybriden mit süßen Früchten, wie z.B.:**
  - **´Hybrid 119 US`**
  - **´Thomasville Citrangequat`**
  - **´Glen Citrangedin`**

**Frosthart bis -8°C (Zone 9a)**
- **´Violetta Voß` *C. ichangensis* Hybride**
- **Satsuma Mandarine *C. unshiu***

▲ **Die Sorte ´Swingle Citrumelo` im Schnee – Als Winterschutz wurde der Stamm mit Luftpolsterfolie umgeben sowie die Stammbasis mit Rindenmulch angehäufelt.**

• **Schnitt:** Citruspflanzen reagieren unkompliziert auf Schnittmaßnahmen während der Vegetationszeit. Beginnend im Frühjahr kurz nach Austriebsbeginn werden alle von starken Frösten geschädigten Triebe entfernt. Um bei sparrig wachsenden Sorten ein Verkahlen zu vermeiden, werden lange Triebe bei diesen Sorten auf die Hälfte gekürzt.

Citruspflanzen treiben je nach Klima und Witterungsverlauf 1 bis 3 Mal jährlich aus. Im Sommer nach dem ersten Austrieb kann ein Korrekturschnitt erfolgen. Bei Spalieren werden beispielsweise alle aus der Fläche heraus wachsenden Triebe entfernt, senkrechte Triebe können vorsichtig in die Waagerechte gebunden werden, um das Spalier besser zu begrünen. Im Herbst werden nur noch einmal in unerwünschte Richtungen gewachsene Triebe entfernt und der Busch oder Baum wieder etwas in Form geschnitten, um einen eventuell notwendigen Kronenschutz leichter ausführen zu können.

Als besondere Schnittmaßnahme soll hier noch das Herunterschneiden sämtlicher Blätter im Herbst bei Frostbeginn Erwähnung finden. Diese Maßnahme kann dem Wind ausgesetzte Büsche vor einer Gefriertrocknung bewahren. Die große Mehrzahl unserer heimischen Gehölze hat sich im Laufe der Evolution durch den Laubabwurf auf die winterlichen Gegebenheiten bestens eingestellt.

• **Fruchtreife:** Ziel eines jeden Citrusfreundes ist es, reife Citrusfrüchte aus dem eigenen Garten ernten zu können. Sofern er sich in der glücklichen Lage wähnt, einen schönen, geschützten Standort für seine Citruspflanzen gefunden zu ha-

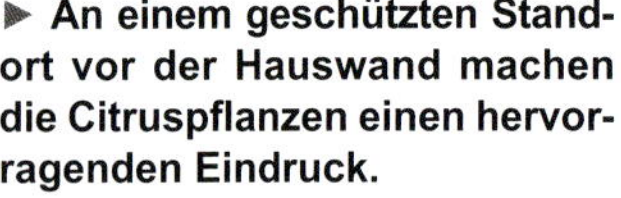

► **An einem geschützten Standort vor der Hauswand machen die Citruspflanzen einen hervorragenden Eindruck.**

◄ ***Citrus trifoliata*** **im Herbst mit zahlreichen reifen Früchten**

ben, an dem ein Wachstum ohne Frostschäden möglich ist, so wird der nächste Blick auf Blütenbildung und Fruchtansatz gehen. Nicht jede Hybride ist gleich blühwillig, und so muss der ungeduldige Citrusfreund schon mal 5 Jahre oder mehr warten, bis beispielsweise seine ausgepflanzte ´Hybrid 119US` die ersten Blüten zeigt, da sie durch ihre Wuchsstärke zuerst bestrebt ist, eine größere Krone auszubilden.
Sind die ersten Blüten und Fruchtansätze gebildet, kann man die Reife kaum erwarten: Wie wird wohl die erste aus dem Garten geerntete Frucht schmecken? Leider folgt der Herbst, ohne dass die Frucht eine andere Farbe als Grün gezeigt hat, und die Enttäuschung ist entsprechend groß, wenn die ersten Fröste der grünen Frucht zusetzen. In diesem Fall ist die falsche Sorte gewählt worden. Viele C. *trifoliata*-Hybriden benötigen 7, 8 oder mehr Monate von der Blüte bis Fruchtreife oder höhere Sommertemperaturen, die für zügigere Fruchtreife sorgen könnten. In besonders geschützten Lagen der Weinbaugegenden werden diese Hybriden jedoch in den meisten Jahren zur Vollreife kommen. Besonders frühreife, süße *C. trifoliata*-Hybriden sind ´Citsuma Prag`, ´Thomasville Citrangequat` und ´Glen Citrangedin`. Die Fruchtqualität der süßfruchtigen Sorten ist stark abhängig von der Sommerlänge und -wärme.
Fruchtreifeangaben bei den nachfolgenden Sortenbeschreibungen beziehen sich auf warme, norddeutsche Sommer.

**Ein hilfreicher Tipp:**

**Die Reifezeit der Früchte ist ein wichtiges Kriterium der Sortenwahl. Während bei süßfruchtigen Sorten immer die Gefahr besteht, dass die Früchte nicht rechtzeitig ausreifen, sieht es bei der Art *Citrus ichangensis* und ihren Kreuzungen anders aus. Nahezu all diese Hybriden benötigen in Norddeutschland nur 5 bis 6 Monate, manche 7 Monate zur Fruchtreife. Hier gibt es zwar kaum süße Früchte, aber als Zitronenersatz sind sie sehr gut zu benutzen. Empfehlenswerte frühreife Sorten sind ´Ichang Papeda Arboretum Florida`, ´Ichang Papeda Prag`, ´Violetta` und ´Ichang Hybrid Nr. 3`.**

## *Citrus* ´Citrandarin`

**Kreuzung:** *C. x reticulata* ´Changsha` (Mandarine) *x P. trifoliata* ´English Large` (Bitterzitrone)
**Beschreibung:** kleiner Busch oder Baum, mäßig wüchsig, mit wirr ineinander wachsenden Zweigen; Blätter klein, zäh, 3-geteilt; Früchte mandarinenähnlich aber kugeliger, haarig, orange, dünnschalig, sauer, bitter, saftig, Fruchtreife sehr spät
**Kultur:** Diese sehr frostharte Hybride, hält Temperaturen bis -16°C aus und kann daher im Weinbauklima oder ansonsten mit entsprechendem Winterschutz ausgepflanzt werden. ´Citrandarin` wirft einen Teil ihres Laubes ab.

## *Citrus* ´Glen Citrangedin`

**Kreuzung:** (*C. trifoliata* x *C. sinensis*) x (*C. reticulata* x Fortunella sp.)
**Beschreibung:** mäßiger, sehr schmaler, aufrechter Wuchs; Blätter dünn, oval, Blattstiel leicht geflügelt, im Jugendstadium meist 3-geteilt später ungeteilt; Frucht klein, mandarinenförmig, orange, süß-säuerlich, saftig, Schale dünn, nahezu samenlos
**Kultur:** Durch ihren säulenförmigen Wuchs bestens als Spalierpflanze geeignet.
Da die bis -10°C frostharte Pflanze üppig blüht und trägt, wirkt sie sehr dekorativ. Die Früchte können direkt vom Busch genascht werden.

## *Citrus ichangensis*

(Ichang Papeda)

**Herkunft:** China, in bis zu 2400 m Höhe
**Beschreibung:** Blattstiele blattartig verbreitert, gleich groß wie die eigentlichen Blätter; Blüten wachsig dick, groß, glockenförmig hängend, Staubgefäße zu einer Röhre zusammengewachsen; Früchte gelb bis orange, Fruchtfleisch sauer-bitterlich, saftig, mit einzelnen Harzöltropfen in der Nähe des Markstrahls, Fruchtformen variieren von zitronenförmig-länglich bis mandarinenähnlich-flach
**Kultur:** Mit einer Frosthärte von bis zu -12°C handelt es sich hierbei um die frosthärteste, immergrüne Citrus-Art.

## *Citrus ´Swingle Citrumelo`*

**Kreuzung:** *C. trifoliata* (Bitterzitrone) *x* *C. paradisi* (Grapefruit)
**Beschreibung:** 1-4 m hoher Strauch oder kleiner Baum; Blätter 3-geteilt, hellgrün; Blüten weiß; Früchte gelb, orangengroß, leicht oval, mit rauer, ca. 0,5 -1 cm dicker Schale, sauer, bitterlich, saftig, 5-10 Samen pro Frucht
**Kultur:** Hierbei handelt es sich um eine sehr wüchsige, dekorative und manchmal teillaubabwerfende Sorte. Mit einer Frosthärte von bis zu -15°C gilt sie als eine der frosthärtesten Hybriden. ´Swingle Citrumelo` überträgt sehr gut ihre Frosthärte auf das Edelreis.

## *Citrus ´Thomasville Citrangequat`*

**Kreuzung:** *C. margarita x* (*C. sinensis x C. trifoliata*)
**Beschreibung:** aufrechter, kräftiger Wuchs mit leicht dornigen Zweigen; Blätter länglich-schmal mit wenig geflügeltem Blattstiel, an Jungpflanzen un-, 2- oder 3-geteilt, fruchtende Zweige ungeteilt; Früchte ähneln in Größe und Form einem Hühnerei, bis zur vollständigen Reife sauer, in der Reife gelborange und süß, sehr saftig, Schale sehr dünn, 2-6 Samen
**Kultur:** Die Früchte dieser bis -10°C frostharten Sorte erscheinen oft an den Enden der Langtriebe, so dass die Zweige charakteristisch herabhängen.

## *Citrus trifoliata*

(Bitterzitrone, Dreiblättrige Orange)

**Herkunft:** Zentral- und Nordchina (syn. *Poncirus trifoliata*)
**Beschreibung:** 1-4 m hoher, sommergrüner Strauch oder kleiner Baum, stark bedornt und verworren wachsend; Blätter 3-geteilt, im Herbst gelb bis rötlich verfärbend; Blüten weiß, 4-5 cm im Durchmesser, Knospen für das Folgejahr bereits im Herbst deutlich sichtbar; Früchte gelb bis gelborange, behaart, rund, 3-5 cm Durchmesser
**Kultur:** Auf Grund ihrer Robustheit gilt diese Art als die beste Veredelungsunterlage für die Kübelkultur. *Citrus trifoliata*, die als einzige Art ihr Laub abwirft, ist bis zu -25°C frosthart.

## *Citrus* 'Violetta Voß'

**Kreuzung:** vermutlich *C. ichangensis* x *C. medica*, Züchter B. Voß, 2000
**Beschreibung:** kompakter, gut verzweigter Busch; Blätter mit leichter Stielflügelung und Zitronenaroma; Blüten außen violett, innen weiß, 1-3 Stück in den Blattachseln; Früchte grünlich-violett, in der Reife gelb-orange, zitronengroß, sauer, Schale 1 cm dick, enthalten 10-60 Samen, Fruchtreife ab Ende Oktober
**Kultur:** Die Pflanze geht in eine tiefe Winterruhe und treibt als eine der Letzten im Frühjahr aus. Die Frosthärte beträgt ca. -8°C. Sehr empfehlenswerte Sorte mit dekorativen Knospen, Blüten und Früchten.

## *Citrus* 'Yuzu'

**Kreuzung:** *C. ichangensis* x *C. reticulata* (= *C. x junos*)
**Beschreibung:** starkwüchsiger, aufrecht wachsender Strauch oder kleiner Baum; Blätter länglich-oval mit geflügeltem Blattstiel; Früchte ähneln in Größe und Form einer Clementine, gelb bis hellorange, Fruchtfleisch sauer, leicht bitter und saftig mit 15-25 (-40) Samen
**Kultur:** Hierbei handelt es sich um eine uralte Hybride, die seit vielen Jahrhunderten in China angebaut wird. Mit einer Forsthärte bis zu -12°C kann sie in milden Gegenden an einem geschützten Standort ausgepflanzt werden. Die Fruchtreife erfolgt im Freiland im späten November.

▲ **Ein fruchtender Granatapfelbaum lässt den Traum vom Süden im eigenen Garten wahr werden.**

# Exotische Fruchtpflanzen

## Wissenswertes

Exotische Früchte im eigenen Garten selber ernten – das ist kein Problem mehr. Wie ein unsichtbares Band zieht sich ein buntes, verlockendes Früchteangebot vom Mittelmeerraum über den Orient hin nach Asien. Von dort weiter nach Nord- und Südamerika bis in die kälteren Regionen Chiles.

Und nur die allerwenigsten wissen, dass so manche außergewöhnliche Fruchtpflanze darunter ist, welche sich bei uns recht wohl und heimisch fühlen kann. Wer einmal der süßen Verlockung erlegen ist und sich an der Auspflanzung einer exotischen Obstsorte versucht hat, wird dieses unglaubliche Erlebnis, eigene Früchte zu ernten, nie mehr vergessen. Hinzu kommt die Neugierde und bisweilen heimliche Bewunderung der Zaungäste oder Freunde, die von dem exotischen Aussehen angelockt, von den Früchten kosten möchten.
Es gehört nicht mehr dazu als ein geeigneter Pflanzplatz und die Auswahl der richtigen Pflanze. Selbstverständlich kann man die meisten der nachfolgend aufgeführten, exotischen Fruchtpflanzen ebenfalls im Kübel auf der Terrasse oder dem Balkon pflegen. Solche Pflanzen bleiben einerseits transportabel und können bei Bedarf eingeräumt werden, andererseits werden im Kübel oft weniger Früchte ausgebildet.
Inzwischen ist eine Vielfalt neuer Fruchtpflanzen und weithin unbekannter Ziergehölze hinzugekommen. Die Klimaveränderung mit all ihren Folgen schafft neben den negativen Auswirkungen, wie Unwetter und zu milder Winter, ebenfalls neue Möglichkeiten für Exoten im Hausgarten. Allerdings treten parallel dazu neue Probleme durch Schadinsekten auf, die als blinde Passagiere bei Obstimporten oder als Mitbringsel von Fernreisen inzwischen zu einer Plage geworden sind.

## Kulturanleitung

Die nachfolgenden Angaben zu den exotischen Fruchtpflanzen können an dieser Stelle nur allgemein gehalten werden, da sich dieses Kapitel aus völlig unterschiedlichen Pflanzen mit verschiedenen Ansprüchen zusammensetzt. Entsprechend fallen die nachfolgenden Beschreibungen umfangreicher aus, so dass alle notwendigen Informationen dem jeweiligen Kulturteil entnommen werden können.

*Ficus carica* - die echte Feige

▲ **Die Indianerbanane, *Asimina triloba*, erfreut sich hierzulande immer größerer Beliebtheit.**

▼ **Ihre Reife zeigen die Früchte der *Akebia quinata* durch ihre längsseitige Öffnung an, die den Blick auf das geleeartige Fruchtfleisch freigibt. Dieses Fruchtfleisch kann samt Samen roh verzehrt werden. Der Geschmack ist süßlich mit einer leichten Vanillenote. In Japan wird zudem die Schale als Gemüse geschätzt. Bemerkenswert sind überaus positive Rückmeldungen über die Verarbeitung der gesamten Frucht zu Müsli.**

• **Standort:** Im Allgemeinen sollte der ausgewählte Ort möglichst sonnig, warm bis halbschattig und windgeschützt sein! Vor allem im Schutze der Haussüdseite, aber auch der Ost- und Westseite herrschen dafür ideale Bedingungen, was aber nicht für alle Pflanzen gleichermaßen gelten soll. Ausgetrocknetes Erdreich durch starke Sonneneinstrahlung unmittelbar vor der Hauswand erfordert regelmäßiges Gießen über die Sommermonate hinweg. Verbrennungen der Pflanze und mögliches Abstoßen von Früchten können ebenfalls die Folge sein. Mitunter wirkt sich ein Abstand zum Haus im Schutze von Hecken, Sträuchern, immergrünen Gehölzen oder Überdachungen positiv aus. So wird eigens ein Kleinklima geschaffen, das sich besonders in den mitunter strengen Wintermonaten positiv auswirkt. Ein vollsonniger ungeschützter Standort ist nur bei wenigen Pflanzenarten zu empfehlen. Ideal ist eine halbschattige Auspflanzung an der Haussüdseite. Die Gefahr unmittelbarer Austrocknung ist somit minimiert.

• **Pflanzloch und Substrat:** Der Aushub ist individuell je nach Art der Pflanze zu handhaben. Bei normalen Obstgehölzen sollte die Grube etwa 80x80 cm betragen, um ein kräftiges und gesundes Wachstum zu ermöglichen. Bei gewachsenem Erdreich sollte das Pflanzloch etwas größer ausfallen. Besonders in feuchter Lage empfiehlt sich eine 20 cm dicke, sandhaltige Drainageschicht mit Schotter, notfalls etwas Split oder Ähnlichem. Eine Mischung aus Gartenerde und verrottetem Kompost bildet eine gute Grundlage. Wahre Wunder vollbringt hingegen eine Mischung von Gartenerde mit einem Drittel abgelagerten Pferdemist. Zur Vorbeugung der Wühlmausgefahr kann ein engmaschiges Drahtgeflecht um den Wurzelstock oder Wurzelballen angebracht werden. Der passende Pfahl sollte vor der Auspflanzung angebracht werden und bis zum Ansatz der angeschnittenen Leitäste reichen. Alle stärkeren Wurzeln der Pflanze, sind vor dem Auspflanzen mit der Rebschere anzuschneiden. Der Abstand des Stamms zum Pfahl sollte etwa eine Handbreite betragen, damit eine leichte Spannung entsteht, ein Scheuern jedoch vermieden wird. Ideal zum Festbinden sind Kokosseile.

**▲ Die Kombination eines geschützten Standortes – Südwand und Dachvorsprung – mit einem entsprechenden Winterschutz lässt die Spalierfeige gut über den Winter kommen.**

• **Überwinterung:** Hierbei handelt es sich zweifellos um die sorgenreichste Kulturphase. Doch mit der Zeit wird auch dieses zur Routine. Sie richtet sich nach Frostbeständigkeit, Standort, Größe und Alter der jeweiligen Pflanze. Grundsätzlich benötigen jüngere Pflanzen einen besseren Schutz als ältere. Entsprechend sollten Jungpflanzen mindestens in den ersten Jahren mit einem guten Winterschutz versehen werden. Es bieten sich eine ganze Reihe verschiedener Materialien an, die eine isolierende Wirkung besitzen, wie z.B. Kokosmatten, Jutesäcke, Rohr- oder Weidenmatten, Luftpolsterfolien, Laub, Stroh, Reisig oder Dämmmaterialien des Hausbaues. Egal welche Materialien verwendet oder kombiniert werden, eine gewisse Luftzirkulation muss immer gewährleistet bleiben. Ebenso gilt es zu verhindern, dass Feuchtigkeit eindringt und die isolierende Luft verdrängt. Die meisten Pflanzen benötigen später keinen Schutz mehr, so dass - angepasst an das Klima - auf den lästigen, aufwendigen und häufig mit Kosten verbundene Schutz mit den Jahren ganz verzichtet werden kann.

• **Schutz gegen Kirschessigfliege und andere Schadinsekten:** Erfolgreiche Forschungen mit Kulturschutznetzen haben ergeben, dass spezielle engmaschige Schutznetze zuverlässig vor Schadinsekten schützen. Diese Neuigkeiten dürften den Gartenbesitzer und Kleingärtner freuen, da zudem die Handhabung solcher Netze einfach ist und manchen Ärger erspart. Eine Reihe von Anbietern preisen bereits reißfeste Insektenschutznetze an. Es werden sowohl sackartige Netze mit Reißverschluss, als auch passende Meterware, die beliebig mit Hilfe eines Klettverschlußes verbunden werden kann, angeboten. Gleichzeitig stellen die Netze einen wirksamen Schutz vor Hagel, Vogelfraß und Wespen dar.
Zur Aufhängung sollte eine am Stamm festgebundene Stange oder Dachlatte die Krone entsprechend überragen und das obere Ende mit etwas Luftpolsterfolie abgedeckt werden. Auf diese Art und Weise kann das Netz keinen Schaden nehmen. Schließlich wird der untere Teil des Netzes fest um den Stamm gebunden.

**▲ Schutz vor Schadinsekten durch ein engmaschiges Kulturnetz.**

## *Acca sellowiana*

(Feijoa, Ananasguave, Brasilianische Guave)

**Herkunft:** Südamerika
**Beschreibung:** Immergrüner Strauch, oder kleiner Baum von 1,5-4 m Höhe; üppiger Blütenflor ab Mai, weiß bis rosafarbene, 2,5-3 cm große Pinselblüten mit leuchtend roten, langen Staubfäden; Blätter oval, grün glänzend, Unterseite mit weißsilbrigem Überzug
**Früchte:** oval, grüngelb, bis Hühnereigröße; bei Reife abfallend; Fruchtfleisch weiß, saftig, süß mit leicht säuerlichem Anflug; Geschmack ähnelt einer exotischen Mischung von Ananas und Erdbeeren; zuverlässig fruchtend durch Selbstbestäubung
**Kultur:** Standort vollsonnig bis halbschattig. Sehr schnittverträglich. Die Frosthärte beträgt -12°C. Nur in wärmeren Regionen mit günstiger Lage darf darüber nachgedacht werden, *Acca sellowiana* auszupflanzen. In unseren Breiten bleibt die Überwinterung im Freiland trotz Winterschutz heikel. Daher empfiehlt sie sich eher als ideale Kübelpflanze für alle halbwegs geschützten Standorte.
Das Einräumen der Kübelpflanze in ein kühles und helles Winterquartier kann bei Bedarf und durchaus erst spät im Jahr erfolgen. Die Düngung der *Acca sellowiana* richtet sich nach der Kultur. Während ausgepflanzte Exemplare mit 1 bis 2 Düngergaben im Jahr bereits zufrieden sind, sollten Kübelpflanzen alle 2 Wochen gedüngt werden.

## *Actinidia chinensis*

(Kiwi, Chinesischer Strahlengriffel)

**Herkunft:** China
**Beschreibung:** starkwüchsiger, sich linkswindender, zweihäusiger Schlinger; Blätter breit und bis 25 cm lang, ähneln denen der Haselnuss; Blüten groß, leuchtend weiß; weibliche mit gelbem Strahlenkranz und mittig sitzendem Fruchtknoten, männliche dagegen mit vielen gelben Staubgefäßen, Blütezeit Mai, Fruchtreife ca. November; eine männliche Pflanze reicht zur Bestäubung 6 weiblicher aus.
**Früchte:** hühnereigroß, behaart, hellbraun, grünes Fruchtfleisch durchsetzt von vielen kleinen, schwarzen Samen.
**Kultur:** *Actinidia chinensis* liebt einen warmen, sonnigen und windgeschützten Standort. Als raumgreifende Kletterpflanze benötigt sie ein Wandspalier, eine Pergola oder Vergleichbares. Empfehlenswerte Sorten sind ´Hayward` (weibliche Pflanzen), ´Atlas` und ´Tomuri` (beides männliche Pflanzen) sowie die selbstbefruchtende ´Solo`. Der Boden sollte kalkarm, humos und tiefgründig sein. Pflanzloch 50 x 50 cm; Erdreich stets feucht halten, mäßig düngen. In den ersten Jahren unbedingt mit gutem Winterschutz versehen. Verholzte, mehrjährige Exemplare überstehen Temperaturen bis -22°C. Sommerschnitt erfolgt 4-5 Blätter über letzter Frucht. Mitte April abgestorbenes Holz und alle 3-4 Jahre altes Holz zur Verjüngung entfernen.

## *Akebia quinata*

(Blaugurkenwein, Schokoladenwein)

**Herkunft:** Asien (China, Japan, Korea)
**Beschreibung:** starkwüchsige, anspruchslose Schlingpflanze mit essbaren, gurkenähnlichen Früchten, Wuchshöhe bis 8 m; Blätter 3- bis 5-geteilt, Pflanze auf Grund der langen Laubhaftung ideal zur Fassadenbegrünung; männliche und weibliche Blüten ab Februar an derselben Pflanze, weibliche Blüten violett-braun, 2-3 cm groß, männliche kleiner und rosa, nach Vanille duftend
**Früchte:** essbar und leicht süß, 10-15 cm lang, blaugrün und gurkenförmig; Fruchtbildung gelingt ab dem 3.-4. Jahr
**Kultur:** sonnige bis halbschattige Lage; Erdreich tiefgründig humos, ansonsten keine besonderen Bodenansprüche. Ideale Bedingungen für diese Kletterpflanze bieten Naturmauerwerk, altes Gemäuer, Schuppen, Hausfassaden oder eine Pergola. Bei Auspflanzung ist eine Rankhilfe mit baldigem Spalier, oder in Form von Drahthilfen erforderlich. Gelegentliches auslichten, wie Rückschnitt einzelner Triebe, gegen Verkahlung im unteren Bereich, ist im Frühjahr angebracht.
Die Minimumtemperatur beträgt -23°C. Ungeeignet für die Kübelhaltung, da die Pflanzen hierfür zu groß werden.

## *Arbutus unedo*

(Erdbeerbaum)

**Herkunft:** Südeuropa und Nordafrika

**Beschreibung:** 1-4 (-8) m hoher, immergrüner Strauch oder Baum, langsam wachsend, knorrig; Blätter dunkelgrün, glänzend, bis 11 x 4 cm, fein gesägt; Blüten weiß bis hellrosa, glockenförmig, mehrblütige Rispen, Blütezeit vom Spätherbst bis zum Frühjahr

**Früchte:** 2-2,5 cm im Durchmesser, langsame Reife, Blüten und Früchte gleichzeitig, anfangs grün, mit zunehmender Reife orange bis rot, warzig, erdbeerähnlich, Fruchtfleisch gelborange, fleischig bis mehlig, wenig aromatisch, Verarbeitung zu Gelee, Likör und Wein

**Kultur:** Der Erdbeerbaum liebt einen sonnigen und windgeschützten Standort. Selbst im Schatten gedeihen die Pflanzen, was jedoch zu Lasten der Blütenfülle geht.

Das Erdreich sollte durchlässig mit etwas Ton durchsetzt und mit Sandteilen versehen sein. Auf Torf sollte verzichtet werden! Im Sommer maßvoll düngen. Für eine leichte aber gleichbleibende Bodenfeuchte ist zu sorgen.

Schnittkorrekturen können ohne Problme ausgeführt werden. Die Frosttoleranz ausgepflanzter, mehrjähriger Exemplare beträgt -15°C.

Diese Art kann ebenfalls mit gutem Erfolg als Kübelpflanze gehalten werden.

## *Asimina triloba*

(Paw Paw, Indianerbanane)

**Herkunft:** Nordamerika
**Beschreibung:** langsam wachsender, sommergrüner, 3-6 m hoher Baum; Blätter 10-30 cm lang, hellgrün, im Herbst goldgelb; Blüten purpur-violett bis kastanienbraun, glockenförmig, ca. 5 cm im Durchmesser, erscheinen am einjährigen Holz vor dem Blattaustrieb
**Früchte:** grüngelb, 8-12 cm lang, 200-350 (-500) g, dünnschalig oft bis zu vier Früchte aus nur einer Blüte, Reife im September und Oktober, Fruchtfleisch gelblich mit mittelgroßen Kernen, einfach auslöffeln, erfrischend exotischer Geschmack, Mischung aus Banane, Ananas, Mango und Vanille, mit vielen wertvollen Inhaltsstoffen
**Kultur:** Dieser kleine Baum sollte in den ersten Jahren schattiert werden. Danach benötigt die Pflanze für einen guten Ertrag und zur vollständigen Fruchtreife soviel Sonne wie möglich. Besonders bei Jungpflanzen sollte um den Stamm kein Rasen oder Kraut wachsen, da dies den ohnehin schwachwüchsigen Baum in seiner Entwicklung hemmen würde. *Asimina triloba* hat einen hohen Wasserverbrauch. Daher muss sie während der Vegetationszeit regelmäßig und reichlich gegossen werden. Eine gelegentliche Düngung wirkt sich ebenfalls positiv aus. Ein Winterschutz ist nicht nötig, da die Frosthärte je nach Sorte bis -30°C beträgt. Beliebte selbstfruchtende Sorten sind ´Sunflower` und ´Prima`.

## Broussonetia kazinoki

(Japanische Papiermaulbeere)

**Herkunft:** Japan, Korea
**Beschreibung:** selbstfruchtender, strauchartiger, einhäusiger Baum von 1 bis 4 m Höhe, zierlicher Wuchs; Blätter eiförmig spitz zulaufend, mit zunehmendem Alter tief ausgeschnitten; Blüten faszinierend und filigran, weibliche und männliche Blüten, Blütezeit Mai bis Juni
**Früchte:** klein, orange-rot, süß, mit wenig essbarem Fruchtfleisch, dafür sehr schmackhaft
**Kultur:** Diese Rarität bevorzugt einen sonnigen bis halbschattigen Standort, wenn möglich mit lehmig sandigem Boden. Insgesamt sollte das Erdreich nicht zu feucht sein.
*Broussonetia kazinoki* verfügt über eine für unsere Breiten in der Regel völlig ausreichende Winterhärte von mindestens -15°. Es empfiehlt sich dennoch Jungpflanzen während der ersten Jahre mit einem leichten Winterschutz zu versehen.
Ein Baumschnitt ist nicht erforderlich. Ein leichtes Auslichten der dünnzweigigen Krone festigt das Gerüst.
Die Vermehrung erfolgt über Samen und halbreife Stecklinge, die im Juli/August geschnitten werden.
Übrigens wissen besonders Vögel die köstlichen Früchte zu schätzen. Hier kann ein schlichtes Insektennetz, für die nötige Abhilfe sorgen.

## *Carya illinoinensis*
(Pekannuss)

**Herkunft:** nördliche USA und südliches Kanada
**Beschreibung:** kräftig wachsender, 5-15 (20-30) m hoher, robuster einhäusiger Baum, Windblütler, Stamm tief gefurcht, hellbraun bis grau, Krone weit ausladend mit langen sommergrünen Fiederblättern; Blüten April bis Mai, gelbe hängende Kätzchen teilen sich in männliche und weibliche Blüten an demselben Baum auf.
**Früchte:** Pekannüsse sind von fleischig-grüner Schale umhüllt, die bei voller Reife die hellbraunen dunkel gestreiften und länglich ovalen, dünnschaligen Schalenfrüchte freigibt, Früchte sind ohne Nussknacker zu öffnen, Geschmack der zweigeteilten, an Walnüsse erinnernden Nusskerne ist leicht süßlich; Erntezeit im Herbst
**Kultur:** Der Standort sollte sonnig, der Boden nährstoffreich sein. Auf ausreichende Wasserversorgung ist zu achten. Die nicht alltäglichen nordamerikanischen Gäste verfügen auch in unseren Breiten über ausreichende Winterhärte. Die Frosttoleranz beträgt, insbesondere bei älteren Bäumen, mindestens -20°C. Die angebotenen Sorten sind meist veredelt sowie selbst- und frühfruchtend, so dass teilweise bereits ab dem 2. Standjahr eine erste Ernte möglich ist.

## *Castanea sativa*

(Esskastanie, Marone)

**Herkunft:** Europa
**Beschreibung:** selbstfruchtender, 5-20 (-35) m hoher, sommergrüner Baum, Stamm im Alter graubraun, rissig mit breiten linksspiralig verlaufenden Streifen; Blätter länglich-elliptisch, 12-20 x 3-6 cm, gezähnt bis gekerbt, leicht ledrig, sattgrün, oberseits glänzend, unterseits heller, Blattaustrieb Ende April bis Anfang Mai; Blüten einhäusig, männliche und weibliche Blüten an derselben Pflanze, 20-25 cm lange, gelbe, kätzchenähnelnde Blütenstände.
**Früchte:** Maronen, Nussfrüchte mit stachlig grünen Außenschalen, bei Reife bräunlich, im Innern mit 1-3 braunen glänzenden Früchten, die man röstet oder kocht, gegessen wird der cremeweiße 2-3 cm große Kern, Reife im Spätherbst
**Kultur:** *Castanea sativa* bevorzugt warme, sonnige und geschützte Lagen. An den Boden werden keine besonderen Ansprüche gestellt. Auf gleichmäßige und ausreichende Bodenfeuchte gilt es zu achten, Staunässe muss vermieden werden. Neue kleinwüchsige, bis 8 m hohe Sorten beginnen bereits ab dem 2. Standjahr zu fruchten. Zur besseren Befruchtung, Qualitäts- und Ertragssteigerung ist ein zusätzlicher Fremdpartner erforderlich. Es empfiehlt sich Jungbäume mit einem Winterschutz zu versehen. Aus Samen gekeimte Bäume fruchten nach 25 Jahren.

## *Cornus kousa*
## ´China Girl`

(Fruchthartriegel)

**Herkunft:** Japan
**Beschreibung:** früh und reichlich selbstfruchtende, robuste, köstliche Fruchtneuheit, Endhöhe je nach Lage 3-5 m bei einer Breite von 2-3 m; Blätter 7-11 cm lang, länglich-oval, verfärben sich im Herbst rötlich; Blüten 6-9 cm im Durchmesser, schneeweiß, erscheinen im Juni und Juli
**Früchte:** fruchtet bereits sicher als Jungpflanze, scharlachrote bis dunkelrote Färbung bei Vollreife, ca. 2 cm Durchmesser, erinnern ein wenig an Erdbeeren, Geschmack bunter Mix tropischer Aromen, zart und cremig
**Kultur:** Der Fruchthartriegel bevorzugt einen sonnigen bis halbschattigen Standort. Diese anspruchslose Sorte ist ohne Winterschutz vollständig winterhart und stellt somit eine Bereicherung für den Garten dar. Sie ist gut schnittverträglich. Die Vermehrung gelingt leicht über Stecklinge.

## *Cudrania tricuspidata*

(Seidenraupenbaum)

**Herkunft:** Ostasien, China, Nepal und andere Himalaya-Regionen
**Beschreibung:** zweihäusiger, strauchartiger oder kleinwüchsiger Baum bis 6 m Höhe; Blätter länglich-oval, glänzend; Blüten grün, erbsengroß, männliche Blüten mit gelber Färbung bei Pollenreifung, weibliche mit vielen kleinen Narben über der Oberfläche der unreifen Früchte
**Früchte:** himbeerähnlich, dekorativ und schmackhaft, 2,5-5 cm im Durchmesser, samenlos, Reifezeit September bis November, Geschmack erinnert an einen Hauch Feige und Melone
**Kultur:** Der Standort sollte möglichst vollsonnig und warm gewählt werden. Von Vorteil ist ein sandiger oder lehmiger Boden mit einer gewissen Feuchte. Bei Trockenheit unbedingt wässern!

Die Früchte stellen einen wirklichen Blickfang dar. Auf Vögel und Insekten hingegen haben sie glücklicherweise keine anziehende Wirkung und werden in der Regel gemieden. Die Vermehrung erfolgt über Samen oder Stecklinge. Inzwischen sind selbstfruchtende, stecklingsvermehrte Sorten im Handel, die zuverlässig fruchten. Die Frostverträglichkeit liegt bei mindestens -20°C.

## *Diospyros kaki*

(Kaki, Sharonfrucht)

**Herkunft:** Ostasien, China, Korea, Japan
**Beschreibung:** 2-3 (-10) m hoher, kurzstämmiger Baum, Habitus ähnelt einem Apfelbaum; Blätter grün, oval, etwa gleich lang wie breit, Kultursorten sind selbstfruchtend und von kräftigem Wuchs; Blüten hellgelb bis creme-weiß, glockenförmig mit vier an der Spitze nach hinten gebogenen Kelchblättern, Blütezeit Mai bis Juni
**Früchte:** ähneln einer großen Tomate, gelborange bis orangerot, mit vier kleinen Kelchblättern an eingebuchtetem Stielansatz, bis 500 g schwer, Schale glänzend, dünn und glatt, rundlich mit bis zu 8 Kernen im helleren Fruchtfleisch, samenlose Zuchtform als Sharonfrucht verbeitet, Reife Oktober bis November,
Ein "göttlicher" Genuss, aber Vorsicht! Kakifrüchte sind erst voll ausgereift genießbar!
**Kultur:** Ein sonniger, warmer und geschützter Standort wird empfohlen. Das Erdreich sollte durchlässig sein mit einem Ton- oder Sandanteil. Ärgerlichem Fruchtfall mit regelmäßigem Gießen und zusätzlichen Düngergaben begegnen. Gelegentlich treten Blatt- oder Schildläuse auf. Starkes Wachstum durch regelmäßiges Auslichten und Einkürzen der Triebe begrenzen. Die Frosttoleranz beträgt -15 bis -20°C. Den Stamm gegen Frostrisse schützen.

## *Diospyros kaki* ´Kuro Gaki`

(Schwarze Kuro Gaki)

**Herkunft:** Japan
**Beschreibung:** schwachwüchsiger Strauch oder Kleinbaum; Blätter klein und oval bis länglich-oval, Blüten hellgelb bis cremeweiß, glockenförmig mit vier an der Spitze nach hinten gebogenen Kelchblättern, Blütezeit Mai bis Juni
**Früchte:** ca. 4-5 cm lang, schwarz, zwiebelförmig, Fruchtfleisch bräunlich
**Kultur:** Diese noch weitgehend unbekannte Neuheit liebt einen sonnigen bis halbschattigen Standort. Sie hat sich als absolut pflegeleicht erwiesen. Ihr genügt eine gute Gartenerde. Bevorzugt wird jedoch ein sandig lehmiger Boden. Für das Pflanzloch reicht die doppelte Breite und Tiefe des Pflanzencontainers. Da sie Fröste bis ca. -15°C übersteht, empfiehlt sich insbesondere in den ersten Jahren ein entsprechender Winterschutz.
Die im Handel angebotenen Kultursorten sind fast durchweg selbstfruchtend. Die ausgeprägte Schwarzfärbung der Früchte kommt erst bei Vollreife zum Ausdruck. Da sie nicht adstringierend sind, d.h. sie sich nicht zusammenziehend auf die Mundschleimhaut auswirken, sind die Früchte genießbar, auch wenn sie noch nicht voll ausgefärbt sind.

## *Diospyros lotus*
(Lotuspflaume)

**Herkunft:** China (Mandschurei bis Yunnan)
**Beschreibung:** in Kultur meist strauchartig oder kurzstämmig, bis 3,5 m, am Naturstandort bis zu 25 m hoher, sommergrüner Baum, zweihäusig; Blätter dunkelgrün elliptisch, 5-12 x 3-6 cm; männliche Blüten zahlreich, weibliche einzeln sitzend, glockenförmig, grünlich-weiß bis gelblich mit gelblichen oder rötlichen Spitzen, Blütezeit Mai; Bestäubung durch Insekten und Wind
**Früchte:** Beerenfrüchte, kugelig, 1-2 cm im Durchmesser, gelb oder purpurfarben, bei Vollreife im November schmackhaft und süß; veredelte Kultursorten teils selbstfruchtend mit größeren Früchten, Wildsorten bei Fremdbestäubung größerer Ertrag und besseres Aroma
**Kultur:** Diese Art ist vergleichsweise anspruchslos. Der Standort sollte sonnig bis halbschattig und windgeschützt gewählt werden. Möglichst durchlässiges Erdreich mit einem geringen Sandanteil wird bevorzugt. Während der Vegetationszeit müssen besonders Kübelpflanzen regelmäßig gegossen und gedüngt werden. Überflüssige Neutriebe können entfernt und Langtriebe eingekürzt werden. Die Frosttoleranz mehrjähriger Pflanzen beträgt ca. -23°C. Jungpflanzen sollten im Stammbereich vor Frostschäden geschützt werden.

## *Diospyros rhombifolia*

(Chinesische Persimone)

**Herkunft:** China

**Beschreibung:** schmukker, langsam wachsender Strauch oder Kleinbaum, meist einhäusig, seltener zweihäusig; Blätter klein, oval bis länglich-oval; Blüten klein, cremefarben, Blütezeit April bis Mai

**Früchte:** pflaumengroß, eiförmig bis länglich-oval, spitz zulaufend, mit vier grünen Kelchblättern am oberen Ende, dunkelorange, süßer Geschmack, Reife erfolgt im Spätherbst, eignet sich besonders zum Rohverzehr

**Kultur:** Die noch weitgehend unbekannte *Diospyros rhombifolia* liebt einen sonnigen bis halbschattigen Standort. Zur Kultur dieser Besonderheit im heimischen Obstgarten bieten sich schützende und wärmende Hausfassaden, Überdachungen, Mauernischen und Wände, wie sie sich beispielsweise in Innenhöfen finden, an. Das Erdreich sollte nahrhaft und durchlässig sein, weshalb es sich empfiehlt, etwas Sand oder Granulat unterzumischen. Während der Vegetationszeit für angemessene Düngung und Bewässerung - besonders bei der Kübelkultur - sorgen.
Schädlingsbefall ist unbedeutend. Gelegentliches Auslichten oder Einkürzen ist sinnvoll. Insgesamt ist diese Art problemlos. Die Frosttoleranz älterer Pflanzen liegt bei rund -20°C. Jungpflanzen müssen die ersten Jahre bei Frost geschützt werden.

## *Diospyros virginiana*

(Dattelpflaume)

**Herkunft:** Nordamerika
**Beschreibung:** 2-5 (-20) m hoher, rundkroniger, mittelwüchsiger Baum, zweihäusig, Tiefwurzler, Borke rau, fast schwarz; Blätter, bis 16 cm lang, hellgrün, länglich-oval; männliche Blüten zu mehreren in Trugdolden, weibliche Blüten einzeln, meist auf seperaten Bäumen, glockenförmige Blütenkrone grünlich-gelb oder cremefarben, Blütezeit Mai bis Juni
**Früchte:** 2-6 cm große, goldgelbe bis orangefarbene Beere, mit (0-) 1-8 Samen, Reife erst im Oktober oder November, saftig und süßaromatisch, reifen am Baum oder ggf. bei anschließender Lagerung vollends aus, in unreifem Zustand adstringierend und ungenießbar, reife Früchte überstehen Frost und werden noch süßer, unreife Früchte vor dem Frost ernten, sonst droht Fäule
**Kultur:** Dieser Baum liebt einen vollsonnigen und windgeschützten Standort. Ein leichter, sandiger und demzufolge gut durchlässiger Boden wird bevorzugt. Ein Schnitt ist kaum nötig. Die Frosthärte mehrjähriger Pflanzen beträgt bis -23°C, Jungpflanzen müssen bei Frost geschützt werden.
Zur Bestäubung ist eine männliche Pflanze erforderlich. Einige veredelte Sorten sind selbstfruchtend, haben jedoch kleinere Früchte. Besonders empfehlenswert ist die Sorte ´Meader`, die nebenstehend abgebildet ist.

## *Elaeagnus angustifolia* (Russische Olive, schmalblättrige Ölweide)

**Herkunft:** Zentralasien
**Beschreibung:** dicht verzweigter Strauch oder 2-5 (-10) m hoher, breitkroniger Baum, bedornte Triebe, Flachwurzler; Blätter schmal lanzettlich, 4-8 cm lang mit graugrüner Oberseite, unterseits silbergrau mit weißen Sternhaaren überzogen; Blüten gelblich, ca. 1 cm im Durchmesser, intensiv und angenehm duftend, Bestäubung von Mai bis Anfang Juli durch Bienen
**Früchte:** 1-2 cm lange, blassgelbe bis gelbbraune, olivenartige Steinfrüchte mit süßlichem Fruchtfleisch, Reife in unseren Breiten von September bis Oktober, sehr gesund, der Verwendung sind keine Grenzen gesetzt
**Kultur:** Hierbei handelt es sich um eine besonders widerstandsfähige und genügsame Art. Sie ist sehr trockenheitsresistent, kommt aber ebenfalls an feuchten Standorten vor. Es werden sogar salzhaltige Böden toleriert.

An einem sonnigen Standort überstehen mehrjährige Pflanzen Temperaturen von -20°C und teilweise darüber hinaus. Mit ihrem Erscheinungsbild samt Früchten erinnert *Elaeagnus angustifolia* stark an einen gewöhnlichen Olivenbaum.

Großfruchtige Sorten sind ´Red King` mit bis zu 2,5 cm langen Früchten und die kaum bedornte Varietät Orientalis, deren Früchte 2 cm lang werden.

## *Elaeagnus multiflora*

(Essbare Ölweide)

**Herkunft:** China, Japan, Korea

**Beschreibung:** kleine, sommergrüne, 1-3 (-5) m hohe, strauchartige Wildobstart; Blätter dunkelgrün, unterseits silbrig behaart mit braunen Schuppen, breitelliptisch, bis 8 cm lang, hart; Blüten klein, zahlreich, zunächst weißlich, gelblich beim Verblühen, duftend, begehrte Bienenweide im Mai und Juni.

**Früchte:** ca. 1,5 cm lange Steinfrüchte, orangerot bis rotbraun, an 2-3 cm langen Stielen hängend, saftig und herbsäuerlich bis süß, Reife im August bis September, reife Früchte zum Rohverzehr für Konfitüren, Kompott oder Vergärung zu alkoholischen Getränken bestens geeignet

**Kultur:** Hierbei handelt es sich um ein sehr anspruchsloses Zier- und Nutzgehölz, das nahezu alle Böden und Standorte toleriert. Kann als Einzelpflanze, besser jedoch in Gruppen oder im Kübel gehalten werden. Außer einem gelegentlichen Auslichten ist keine weitere Pflege notwendig. Die dankbare und empehlenswerte *Elaeagnus multiflora* besitzt eine Frosthärte von mindestens -20°C.

Eine großfruchtige und selbstfruchtende Sorte aus den USA ist ´Sweet Scarlet`. Dennoch empfiehlt es sich, für einen reichhaltigen Fruchtansatz jeweils mehrere Sträucher anzupflanzen.

## *Elaeagnus umbellata* ´Big Red`

(Korallenölweide)

**Herkunft:** Asien
**Beschreibung:** bis zu 4 m hoher Strauch; Frühblüher mit gelben, nach Honig duftenden, kleinen Blüten
**Frucht:** großfruchtige, scharlachrote Früchte mit punktierter Haut, wohlschmeckend, Reifezeit Juli bis August
**Kultur:** Diese komplett winterharte und robuste Sorte zeichnet sich durch ihre größeren Früchte aus. Leider ist sie nicht selbstfruchtend, weshalb eine zweite Pflanze zur Kreuzbestäubung benötigt wird. Die Vermehrung erfolgt über Samen. Sie ist gut schnittverträglich!

## *Elaeagnus umbellata* ´Brillant Rose`

(Korallenölweide)

**Herkunft:** Asien
**Beschreibung:** bis zu 4 m hoher, frühblühender Strauch mit gelben Blüten
**Frucht:** oval, bis 1,1 cm lang und bis 0,9 cm breit, Fruchthaut mit silbrig-glänzenden Punkten, süß, Reifezeit Juli bis August
**Kultur:** Bei dieser vollständig winterharten Sorte ist ebenfalls eine Kreuzbestäubung erforderlich, weshalb sie zusammen mit anderen Pflanzen kultiviert werden muss. Sie ist pflegeleicht und stellt keine besonderen Bodenansprüche. ´Sweet Scarlet` und ´Neue Korallen-Ölweide` sind weitere empfehlswerte Sorten.

## *Eriobotrya japonica*

(Wollmispel, Loquat)

**Herkunft:** China, Japan
**Beschreibung:** 2-4 (-10) m hoher, immergrüner, meist rundkroniger Baum oder Strauch; Blätter dunkelgrün, 12-25 x 3-8 cm, oberseits glänzend, unterseits von einem feinen silbrigen Filz überzogen; Blüten in 10-20 cm langen Rispen mit bis zu 100 kleinen Einzelblüten, cremeweiß, rückseitig wollig behaart, angenehm duftend
**Früchte:** birnen- oder pflaumenförmig, 4-5 cm lang, gelblich, Fruchtfleisch orange, süß, je nach Sorte weich oder fest, meist zweikernig, Verzehr roh samt der dünnen Schale oder gekocht
**Kultur:** *Eriobotrya japonica* eignet sich hervorragend für die Kübelkultur. Die Minimumtemperatur beträgt -10°C, weshalb sie nur in den kältesten Wochen eingeräumt werden müsste. Während der Vegetationszeit reichlich gießen und 1 x wöchentlich düngen. Veredelte Pflanzen fruchten im Kübel bereits nach 3 Jahren. Bei einer Kultur im warmen Gewächshaus setzt die Blüte zum Herbst und die Fruchtreife im zeitigen Frühjahr ein. Unter kühleren Bedingungen verzögert sich die Blüte ins Frühjahr.
Die Auspflanzung ins Freiland ist ausschließlich in milden Gebieten und selbst dort nur an einem sonnigen und geschützten Standort möglich. Während der Überwinterung ist ein Rundumschutz unerlässlich.

## *Ficus carica*

(Frucht- oder Essfeige)

**Herkunft:** Asien, Mittelmeerraum
**Beschreibung:** 3-6 m hoher Strauch, Baum oder am Spalier gezogen; Blätter 3- bis 5-lappig, 10-25 cm lang, dunkelgrün; Blüte unscheinbar, selbstfruchtend
**Frucht:** Scheinfrucht, gebildet aus den im Innern befindlichen Blüten, rund oder birnenförmig, süß, Fruchtfleisch rot mit sandartigen Kernchen
**Kultur:** Seit dem Mittelalter wird die Feige in der Pfalz als Obst angebaut. Aktuell liefern schätzungsweise 50.000 Feigenbäume ab Mitte Juli - bei bis zu zwei Ernten - jährlich gut 80.000 kg feinster Feigenfrüchte.
*Ficus carica* zählt zu den robusten und kälteverträglichen Pflanzen, die selbst ohne Schutz in vielen Regionen Deutschlands ausgepflanzt werden können.
Bei Werten unter -15°C können je nach Sorte die Zweigspitzen zurückfrieren. Der Standort sollte trocken, warm und sonnig sein. Ideal sind Hauswände, Gemäuer, Überdachungen und Innenhöfe. Ein tiefgründiger, lockerer und möglichst nahrhafter Boden wird bevorzugt. Ab Austrieb bis Ende August kräftig düngen und gießen. Das Einkürzen der Langtriebe im Sommer um ca. 1/3 fördert die Verzweigung und steigert somit den Ertrag. Beste Sorten sind ´Pfälzer Rote`, ´Pfälzer Grüne` und ´Pfälzer Gelbe`.

## *Hovenia dulcis*

(Rosinenbaum)

**Herkunft:** China, Korea, Japan
**Beschreibung:** 4-8 (-14) m hoher, robuster laubabwerfender, rundkroniger Baum; Blätter glänzend grün, herzförmig, bis 15 cm lang, gezähnt; Blüten zu dutzenden in endständigen Blütenständen, creme-farben bis gelblich-grün, duftend, Einzelblüte kleiner als 1 cm, Blütezeit Ende Mai bis Juli
**Früchte:** essbar sind nicht die eigentlichen, samentragenden Früchte, sondern die verzweigten und verdickten Fruchtstiele, erinnern im Aussehen und Geschmack an Rosinen, geeignet für den Rohverzehr oder gekocht, Fruchtreife August bis Oktober
**Kultur:** Diese Art ist gut als Kübelpflanze geeignet, deren Überwinterung frostfrei erfolgen sollte.
Da die Frosthärte mehrjähriger Exemplare bei -15° bis -20°C liegt, kann an einem möglichst sonnigen und geschützten Standort eine Auspflanzung vorgenommen werden. Besonders geeignet sind Mauernischen, Überdachungen, Innenhöfe und nach Süden ausgerichtete Hauswände. Ein Winterschutz des Stammes und des Wurzelbereiches ist dringend notwendig. Das Erdreich sollte feucht, etwas lehmig mit Sandanteilen sein. Während der Wachstumsphase - besonders bei Kübelkultur - kräftig düngen und gießen.

## *Lardizabala biternata*

(Chilenische Zabalfrucht)

**Herkunft:** Chile, bergige Küstenregionen in 500-2000 m Höhe

**Beschreibung:** verholzende, immergrüne, in Europa weitgehend noch unbekannte, lianenähnliche Kletterpflanze, Wuchshöhe 3-4 (-10) m, einhäusig; Blätter meist 3-geteilt, wechselständig, glänzend, sattgrün, Blättchen elliptisch bis oval; männliche Blüten in mehrblumigen Rispen sitzend, weibliche Blüten einzeln, schokoladenbraun, Blütezeit Mai

**Früchte:** grün, purpurrot ausreifend, 5-8 cm lang, länglich-oval, teilweise mit wulstigen Ausstülpungen, im Aussehen an Würstchen erinnernd, süß, gelten am Naturstandort als Delikatesse und sind nur auf lokalen Märkten erhältlich

**Kultur:** Hierbei handelt es sich um eine noch weitgehend unbekannte und kaum verbreitete Kulturpflanze. In Ermangelung ausreichender Kulturerfahrungen, sollten die Bedingungen vom Naturstandort nachgeahmt werden. Dort wächst diese Art an sonnigen und warmen Standorten, teilweise von der umliegenden Vegetation schattiert. Der Boden ist stets feucht, locker und durchlässig, mit leicht sandig, lehmigem Anteil. Im Winter sind die Pflanzen bisweilen von Schnee bedeckt, so dass die Frostverträglichkeit kurzzeitig bis mindestens -10°C reichen dürfte.

## *Lycium barbarum*

(Goji Beere, Chinesische Wolfsbeere)

**Herkuft:** China, Provinz Ningxia
**Beschreibung:** ca. 2 (-4) m hoher, leicht bedornter, schnellwüchsiger, buschiger Strauch; Blätter länglich-lanzettlich, graugrün; Blüten lila, 1,5 cm im Durchmesser, einzeln oder Blütenstand mit mehreren trichterförmigen, zwittrigen Blüten, Blütezeit Juni bis Juli
**Früchte:** leuchtendrote, längliche bis eiförmige Beeren, bis 2 cm lang, süß, Reife im Herbst, Naschfrucht oder getrocknet zum Müsli, Fruchtsalat oder ähnlichem, getrocknete Früchte ähneln Rosinen
**Kultur:** *Lycium barbarum* gilt wegen seiner hohen Konzentration an Antioxidantien, der zahlreichen Mineralien und Spurenelemente als wahre Wunderbeere. In Tibet und China wird sie wegen ihrer wohlbefindlichen und (angeblich) lebensverlängernden Wirkung sehr geschätzt. Diese positiven Eigenschaften haben sich inzwischen herumgesprochen, so dass die anspruchslose Goji Beere immer häufiger hierzulande kultiviert wird. Ein sonniger Standort mit guter, humoser Erde fördert die Qualität der Früchte. Gedeiht jedoch auf jedem anderen Boden. Bei einer Frosthärte von -25°C ist ein Winterschutz nicht nötig.
Ab dem 2. Standjahr auf 5 kräftige Hauptzweige zurückschneiden. Vorsicht, sie ist anfällig für Mehltau!

## *Maclura pomifera*

(Osagedorn, Milchorangenbaum)

**Herkunft:** südliche und mittlere USA
**Beschreibung:** zweihäusiger, 5-8 (-20) m hoher, bedornter Baum, Rinde tief gefurcht, orangebraun, breitrundliche oder auch unregelmäßige Krone; Blätter eiförmig-lanzettlich, 5-12 cm lang, zugespitzt, dunkelgrün glänzend; männliche Blüten in kurzen Ähren oder Trauben, weibliche in dichten, vielblütigen, kugeligen Köpfchen, Blüten klein, hellgrün, Blütezeit Mai bis Juni
**Früchte:** hellgrün, in der Reife gelbgrün, 10-13 cm im Durchmesser, bestehend aus zahlreichen zusammengewachsenen Steinfrüchten, runzelig, leicht nach Orangen duftend, oft kernlos, schwimmt im Wasser, vermutlich wegen zu geringer Reife und Sonneneinstrahlung in unseren Breiten ungenießbar
**Kultur:** Dieser wunderschöne, winterharte und genügsame Exot eignet sich hervorragend als Solitärpflanze. Möchte man auf die attraktiven Früchte nicht verzichten, benötigt man beide Geschlechter, wie die weibliche Kultursorte ´Pretty Women` und die männliche und dornenlose ´Inermis`. Mittlerweile ist ebenfalls eine selbstfruchtende Sorte erhältlich. *Maclura pomifera* benötigt einen sonnigen bis halbschattigen Standort. Der Baum wächst auch auf feuchten Böden. Ausgepflanzte, mehrjährige Exemplare überstehen Temperaturen bis -20°C.

## *Malus ´Redlove Circe`*

**Herkunft:** Kulturzüchtung aus der Schweiz aus dem Jahre 2010
**Beschreibung:** schorfresistenter, schwach bis kräftig wachsender Spalier, Niederoder Halbstamm von 2-4 m Höhe, Kronendurchmesser 1,2-4 m, Blätter braun-rot, Blüten rosa-rot von Mitte April bis Ende Mai
**Früchte:** rotfleischiger und äußerlich ebenfalls roter Blutapfel mit unglaublichem Aroma, Reifezeit Mitte August bis Anfang September
**Kultur:** Auf den ersten Blick mag es sich hierbei um einen „gewöhnlichen" Apfel handeln, tatsächlich entpuppt sich der Blutapfel bei näherer Betrachtung als eine völlig andere „Obstart". Bei einem Längsschnitt durch die Frucht erscheint ein attraktives Muster im Fruchtfleisch.

Diese vollständig winterharte Pflanze gehört einfach in jeden Hausgarten. Der Standort sollte sonnig bis halbschattig gewählt werden. Aufgrund ihrer Anspruchslosigkeit kommt sie mit normaler Gartenerde bestens zurecht und sorgt für einen guten Ertrag.

Aktuell sind 6 verschiedene Sorten bekannt. Die süßeste Sorte ist ´Redlove Lollipopp`. Letztlich sind aber alle Sorten ein Gaumengenuss und zudem schorfresistent.

## *Morus alba*

(Weiße Maulbeere)

**Herkunft:** Asien
**Beschreibung:** 4-8 (-25) m hoher, robuster und anspruchsloser Kleinbaum; Blätter variieren von glattrandig bis fingertief eingeschnitten; Blüte einhäusig gelbliche kätzchenförmige Blütenstände
**Früchte:** 1-2 cm große, beerenartige Fruchtstände, weiß bis hellrot
**Kultur:** *Morus alba* fruchtet bereits in jungen Jahren reichlich. Ihre Blätter werden gerne von Seidenraupen gefressen. Die Frosthärte liegt bei mindestens -20°C. In ihren weiteren Bedürfnissen mit *Morus nigra* vergleichbar.

## *Morus ´Illinois Everbearing`*

**Herkunft:** Kreuzung zwischen weißer und roter Maulbeere aus Illinois USA, Züchtung von 1958
**Beschreibung:** rundkroniger bis zu 3,5 m hoher Baum oder Strauch, Blütezeit Mai bis Juni
**Früchte:** schwarzrot bis 4 cm lang, fast samenlos, süß-aromatisch, Fruchtreife Juli bis Oktober
**Kultur:** Diese Sorte kann durch Schnitt klein gehalten werden und fruchtet bereits in geringer Höhe. Über Monate werden unentwegt neue Früchte gebildet. Warmer, sonniger bis halbschattiger Standort mit durchlässigem, trockenem Boden.

## *Morus nigra*

(Schwarze Maulbeere)

**Herkunft:** ursprünglich Asien
**Beschreibung:** 4-6 (-20) m hoher, sommergrüner Baum; Stamm graubraun rissig, im zunehmenden Alter beeindruckend knorrig; Blätter hellgrün, eiförmig oder gelappt, behaart, gesägt 6-12 cm lang; Blüte einhäusig, männliche Kätzchen bis 2,5 cm lang, weibliche Kätzchen bis 1,5 cm lang, gelblichgrün, Blütezeit Mai, Windbestäubung
**Früchte:** 3-6 cm groß, dunkelrot bis schwarz, brombeerartig, aromatisch-süß, saftig, Erntezeit von Juli bis August, Naschfrucht, getrocknet oder als Grundlage für Marmeladen und Fruchtweine
**Kultur:** Dieser faszinierende und robuste Baum gedeiht überall, bevorzugt an einem sonnigen Standort. Der kleinwüchsige Baum stellt keine Ansprüche, ist schädlingsfrei und somit ebenfalls für die Kübelkultur bestens geeignet. Obwohl gut schnittverträglich, sollte er möglichst wenig zurückgeschnitten werden, um seine naturbelassene Schönheit zu entfalten. Düngung und Wässerung sollten auf das notwendige Mindestmaß beschränkt bleiben. Ausgepflanzte Exemplare benötigen keinen Schutz, da sie Temperaturen bis -20°C problemlos überstehen. Kübelpflanzen können entsprechend kühl und dunkel überwintert werden. Ertragreiche Kultursorten, wie ´Wellington` (rechts unten) sind im Handel erhältlich.

K.H.

K.H.

L.R.

B.E.

## *Morus nigra* 'Pakistan'

**Herkunft:** Himalaya
**Beschreibung:** schnellwüchsiger Baum bis 5 m Höhe, Blätter meist herzförmig, seltener gelappt, 10-15 cm lang, bis 10 cm breit
**Frucht:** purpurschwarz, bis 10 cm lang, süß-würzig, bereits dunkelrot genießbar, Reife ab Ende Juni
**Kultur:** Ohne zu übertreiben darf man diese Selektion wegen ihrer Riesenfrüchte als den King unter den Maulbeergewächsen bezeichnen. Sie verlangt einen warmen und geschützten Standort. Staunässe gilt es unbedingt zu vermeiden. Die Frosthärte beträgt ca. -20°C.

## *Morus rubra*

(Rote Maulbeere)

**Herkunft:** Nordamerika
**Beschreibung:** sommergrüner, 2,5-6 (-15) m hoher, kurzstämmiger Baum; Blätter variabel, un-, 2- oder 3-gelappt, gezähnt; Blüten zwei- oder einhäusig, grünliche, hängende Blütenstände
**Frucht:** 2-3 (-5) cm lange Fruchstände, rot bis dunkelviolett, ähnlich einer Brombeere, sehr süß, vielseitig verwendbar
**Kultur:** Hierbei handelt es sich um einen äußerst robusten Baum mit einer Frosthärte von mindestens -20°C. Im Handel sind selbstfruchtende, veredelte Hybriden mit großen Früchten erhältlich.

## *Olea europaea*

(Ölbaum, Olive)

**Herkunft:** vermutlich Mittelmeerraum, Kanaren
**Beschreibung:** 3-4 (-15) m hoher, robuster, immergrüner und schwachwüchsiger Baum, im Alter mit knorrigem Stamm; Wurzeln bis 5 m tief mit flachverzweigtem Netzwerk; Blätter lanzettförmig, 1,5-10 x 0,5-2 cm, oberseits grau-grün, unterseits silbrig; Blüten klein, gelb, in 2-4 cm langen, traubenartigen Blütenständen mit bis zu 40 Einzelblüten, angehäuft, duftend; Blütezeit je nach Standort April-Juni
**Früchte:** Olive, ovale, einsamige Steinfrucht, 1-4 cm lang, von hellgrün nach blau-schwarz ausreifend, Großteil wird zu Öl verarbeitet
**Kultur:** Dieser typisch mediterrane Charakterbaum von faszinierendem Anblick benötigt einen möglichst sonnigen und windgeschützten Standort. Eine überdachte Haussüdseite oder schützende Innenhöfe sind ideal. Trotzdem kann dieser Baum nur in wintermilden Regionen bei rundum Winterschutz ausgepflanzt werden. Die Frosthärte beträgt -10°C. Der Boden sollte tiefgründig, locker und mit etwas Sand versehen sein. Bei Kübelhaltung grobkörnige Anteile von Kies oder Blähton untermischen und für gleichbleibende Bodenfeuchte sorgen. Regelmäßiger Schnitt erforderlich! Pollenspender nötig, einige veredelte Sorten sind selbstfruchtend!

## *Pistazia vera*

(Pistazie)

**Herkunft:** Zentral-Asien, Irak, Libanon, Afghanistan
**Beschreibung:** 2-5 (-12) m kleiner, meist kurzstämmiger, zweihäusiger, laubabwerfender Baum, Krone rundlich bis schirmförmig, Alter bis zu 300 Jahre; Wurzeltiefe bis zu 15 m; Blätter unpaarig gefiedert, meist 3-5 Fiederblättchen, ganzrandig; männliche und weibliche Blüten sitzen auf getrennten Bäumen, Blüten sehr klein, unscheinbar, gelblich-grün, hängend in dichtblütigen Trauben, Blütezeit im Frühsommer, Windbestäubung
**Früchte:** Steinfrüchte, bis 1,5 cm lang, mit fleischiger, bei Reife rötlich gefärbter Schale, die immer mehr vertrocknet, Reifezeit beträgt ca. 16 Wochen und dauert bis September, geröstet und gesalzen ergeben sie die beliebte Knabberei
**Kultur:** *Pistazia vera* liebt die Hitze. Entsprechend verlangt sie einen vollsonnigen und trockenen Standort, möglichst eine windgeschützte Südseite oder Überdachungen, Nischen sowie Innenhöfe. In warmen, wintermilden Regionen kann sie möglicherweise gut geschützt ausgepflanzt und überwintert werden. Die Frosttoleranz beträgt kurzzeitig -10°C.
Hervorragend ist diese Art für die Kübelkultur geeignet. Der Wasser- und Nährstoffbedarf ist gering. Staunässe vermeiden! Rückschnitt erfolgt nach der Ernte.

## *Prunus* ´Aprikyra`

**Herkunft:** Kreuzung zwischen Aprikose (*Prunus armeniaca*) und Kirsche
**Beschreibung:** schwachwüchsiger 2,5-3,5 m hoher Baum, Blüte März/April
**Früchte:** in Reife dunkelrot, rundlich, bis 4 cm im Durchmesser, Geschmack dominierende Kischnote mit Aprikosenaroma, Reifezeit Juli
**Kultur:** Mit dieser Kreuzung ist es gelungen, die positiven Eigenschaften der Aprikose und der Kirsche in einer Pflanze zu vereinen. Das Ergebnis ist ein völlig neues Geschmackserlebnis. Selbstfruchtend liefert sie bereits in den ersten Standjahren einen hohen Ertrag. Sie ist zudem robust gegenüber Krankheiten. Da sie nicht viel Platz benötigt, gelingt die Kultur selbst in dem kleinsten Hausgarten an einem sonnigen bis halbschattigen Standort.
Ein gezielter Schnitt hin zu einer aufglockerten, lichten Hohlkrone fördert den Ertrag. Die ´Aprikyra` ist absolut winterhart.

## *Prunus* ´Aprimira`

**Herkunft:** Kreuzung zwischen Aprikose (*Prunus armeniaca*) und Mirabelle (*Prunus domestica* subsp. *syriaca*), 1994 in Deutschland

**Beschreibung:** kleinwüchsiger Baum mit runder bis ovaler Hohlkrone, Höhe 3-4,5 m, Blüte weiß, März/April

**Früchte:** länglich-oval, zwetschgenähnlich, in Reife gelb bis dunkelgelb, teils mit roten Backen, festes, gelb-orangefarbenes Fruchtfleisch, Geschmack intensiv mit dominierender Aprikosennote, saftig, sehr süß, Reifezeit ab Mitte August

**Kultur:** Diese Kreuzung vereint die Robustheit der Mirabelle mit dem Geschmack der Aprikose. Sie ist selbstfruchtend, erziehlt aber bessere Erträge bei Fremdbestäubung. Besonders gut eignen sich hierfür Pollen der Pflaume und Zwetschge.

An einem sonnigen bis halbschattigen Standort, bevorzugt in warmer Lage, entwickelt sie sich prachtvoll. Hinsichtlich der Bodenbeschaffenheit ist diese Kreuzung anpassungsfähig und stellt keine besonderen Ansprüche. Sie ist uneingeschränkt winterhart.

Übrigens, der kleine Stein im Innern lässt sich leicht vom Fruchtfleisch lösen.

## *Prunus* ´Aprisali`

**Herkunft:** Kreuzung zwischen Aprikose (*Prunus armeniaca*) und Pflaume (*Prunus domestica*)
**Beschreibung:** kleinwüchsiger Nieder- oder Halbstamm, Höhe 2,5-4 m, Kronendurchmesser bis 4 m; Blüten weiß, Blütezeit Anfang bis Ende April
**Früchte:** pflaumenförmig, dunkelrot bis bläulich, rotes Fruchtfleisch, steinlösend, süß, Pflaumenaroma, Reifezeit ab Juli
**Kultur:** Ebenso wie bei den zuvor vorgestellten Kreuzungen stellt die ´Aprisale` eine echte Bereicherung für den Hausgarten dar. Sie ist absolut winterhart, robust und genügsam. Bereits früh im Jahr liefert diese Kreuzung einen hohen Ertrag. Der Standort sollte sonnig bis halbschattig gewählt werden. Ob der Boden nun leicht oder mittelschwer, sandig oder leicht lehmig ist, spielt für die erfolgreiche Kultur keine entscheidende Rolle.

## *Prunus cerasifera*

(Türkische Kirschpflaume, Blutpflaume)

**Herkunft:** Asien, Südwestsibirien

**Beschreibung:** einhäusiger 3-7 (-10) m hoher, sommergrüner, mitunter bedornter, meist kurzstämmiger Kleinbaum oder Strauch, Tiefwurzler; Blätter je nach Sorte dunkelgrün oder braunrot, länglich, gesägt und wechselständig; Blüte weiß bis rosa im März und April, spätfrostgefährdet, zwittrig, selbstfruchtend

**Früchte:** 3-5 cm lange, kugelige Steinfrüchte, verschiedenfarbige, saftig-süße Sorten, von gelborange bis braun und dunkelviolett, Reife im August und September, Verwendung Rohverzehr, Kompott, Gelee, Saft usw.

**Kultur:** Hierbei handelt es sich um eine äußerst robuste und kälteverträgliche Art, die einen sonnigen bis halbschattigen Standort benötigt. Der Boden sollte trocken, leicht und locker sein, gerne gewöhnliche Gartenerde. Nasse Böden gilt es zu meiden. Empfehlenswerte großfruchtige und selbstfruchtende Sorten sind ´Hollywood` und ´Trailblazer`, wobei teilweise davon ausgegangen wird, dass es sich nur um zwei verschiedene Namen für ein und dieselbe Sorte handelt. Der Schnitt erfolgt wie bei heimischen Obstgehölzen. Ebenso gleichen die Schädlinge und Krankheiten denen unseres Steinobstes. Wasser- und Nährstoffbedarf sind gering. Die Frosthärte beträgt mindestens -28°C.

## *Prunus x dasycarpa* ´Biricoccolo`

(schwarze Aprikose, Papstaprikose)

**Herkunft:** Kultursorte, Kreuzung zwischen Aprikose (*Prunus armeniaca*) und Kirschpflaume (*Prunus cerasifera*)
**Beschreibung:** 3-5 m hoher, kleinwüchsiger Baum, mit unverkennbar asiatischer Herkunft, Blätter ungelappt, gesägt; Blüte im März, weiß-rosa, selbstfruchtend
**Früchte:** runde, aprikosenähnliche Steinfrüchte, gelblich-orange bis fast rot, Schale leicht filzig, Fruchtfleisch zart, süß, schmackhaft und aromatisch, Reife Ende Juli, vielseitig verwendbar, eignet sich hervorragend für den Rohverzehr
**Kultur:** Diese alte Kultursorte erfreut sich neuerdings immer größerer Beliebtheit. Dies ist nicht weiter verwunderlich! Wird ihr doch nachgesagt, bei einer Minimumtemperatur von -20°C ausschließlich die positiven Eigenschaften der Aprikose und der Kirschpflaume in sich zu vereinen. Die trockenverträgliche ´Biricoccolo` bevorzugt einen sonnigen, eventuell halbschattigen Standort. Der Boden sollte locker und durchlässig sein, gewöhnliche Gartenerde genügt. Jungpflanzen bei anhaltender Trockenheit leicht wässern. Abgesehen von einem leichten Erziehungsschnitt junger Pflanzen sollten ältere Exemplare möglichst naturbelassen bleiben.

## *Prunus dulcis*

(Essmandel)

**Herkunft:** vermutlich West- bis Zentralasien
**Beschreibung:** kleiner, 3,5-6 m hoher, sommergrüner Baum oder Strauch; Blätter ungelappt, länglich-schmal, 3-6 (-9) cm lang, gesägt; Blüten rosa-weiß, 3-4 cm im Durchmesser, Blütezeit März und April
**Früchte:** länglich-eiförmige Steinfrucht, 3-4 cm lang, pelzige bei Reife aufgeplatzte grün-graue Schale, Mandelkern von unterschiedlicher Form, dünnschalig bis fest, Samen süß bis bitter
**Kultur:** Diese Art benötigt warme und lockere, leicht kalkhaltige Böden. Nässe gilt es genauso wie volle Sonne und Wärmestau zu vermeiden. Ideal ist eine Südwestlage in Kombination mit schützenden Sträuchern, Bäumen oder Mauern. Da in unseren Breiten die Gefahr eines zu frühen Austriebs und damit eines Erfrierens der Blüten besteht, sind spätaustreibende Sorten besonders empfehlenswert. Bewährte, selbstfruchtende Sorten sind beispielsweise ´Lausanne` und ´Dürkheimer Krachmandel`. *Prunis dulcis* ist ebenfalls für die Kübelkultur geeignet. In diesem Fall auf schwachwüchsige Unterlagen achten. Gelegentlich können Kräuselkrankheit, Mehltau oder Läusebefall vorkommen. Trotz einer Frostverträglichkeit von mindestens -20°C, sollte der Stamm und insbesondere Jungpflanzen geschützt werden!

## *Prunus* ´Percoche`

**Herkunft:** neue Kultursorte aus den USA, Kreuzung zwischen Pfirsich (*Prunus persica*) und Marille bzw. Apricose (*Prunus americana*)
**Beschreibung:** 2-6 m hoher, sommergrüner Baum; Blätter ungelappt, gesägt; Blüten weiß-rosa, Blütezeit April
**Früchte:** mittlere Pfirsichgröße, gelb-orange, bei Vollreife rötlich, ausgezeichneter Geschmack, samtiges, weniger saftiges Fruchtfleisch, Reife im August bis September, Rohverzehr oder ideal für die Verarbeitung zu Kompott
**Kultur:** In Europa ist diese gelungene Neuzüchtung aus den USA noch verhältnismäßig unbekannt. Auf Grund ihrer positiven Eigenschaften: Robustheit, frühe Fruchtreife und angenehmer Wuchs stellt die ´Percoche` eine willkommene Neuheit für jeden Obstfreund dar.
Der Standort sollte sonnig bis halbschattig sein. Ein lockeres und nahrhaftes Erdreich, versehen mit einem leichten Sandanteil wird bevorzugt.
Der vorzunehmende Rückschnitt sowie eventuell auftretende Schädlinge und Krankheiten entsprechen weitgehend denen heimischer Obstgehölze. Die Winterhärte ist für unsere Breiten absolut ausreichend. Dennoch Neupflanzungen gegen mögliche Frostschäden, insbesondere Spätfröste schützen.

## *Prunus salicina*

(Chinesische Pflaume)

**Herkunft:** ursprünglich in China verbreitet
**Beschreibung:** 3-5 (-12) m hoher, sommergrüner, eher kleinwüchsiger Baum; Blätter länglich-oval, 6-12 x 2,5-5 cm, gesägt; Blüten zwittrig, weiß, jeweils zu dritt gebündelt, Blütezeit im zeitigen Frühjahr
**Früchte:** je nach Sorte gelb bis gelb-rot oder purpur, Durchmesser bis zu 7 cm, mit saftig-süßem, äußerst aromatischem, gelb-rosa Fruchtfleisch, Reifezeit Ende September bis Anfang Oktober.
**Kultur:** Diese Obstart ist in Europa noch weitgehend unbekannt. Sie zeichnet sich durch einen robusten Wuchs und einer für unsere Breiten ausreichende Winterhärte aus. Bei Neuanpflanzungen empfiehlt es sich dennoch, den Stamm für einige Jahre mit einem Frostschutz zu versehen. Der Standort sollte sonnig bis halbschattig sein. Ein nahrhafter und durchlässiger, leicht sandiger mit etwas Ton durchsetzter Boden wird bevorzugt. Gelegentliche Düngung und Wassergaben bei Trockenheit wirken sich positiv aus. Der Rückschnitt erfolgt auf die für heimische Obstbäume typische Weise. Neue empfehlenswerte Sorten sind ´Oblinaja`, eine russische Züchtung mit leuchtend roten Früchten, ´TC Sun` mit goldgelben und ´Angeleno` mit fast schwarzen Früchten.

## *Punica granatum*

(Granatapfel)

**Herkunft:** vermutlich Vorderasien, Iran
**Beschreibung:** in Kultur bis zu 2,5 m hoher, wild wüchsiger, mitunter stachliger und kleinblättriger Strauch; Blüten glockenförmig, 5-6 cm lang, leuchtend orange-rot, an den Zweigspitzen sitzend, selbstfertil, Blütezeit im Frühsommer
**Früchte:** Granatäpfel, 5-10 cm im Durchmesser, rotschalig und von herrlichem Aroma, platzen bei Vollreife auf, Reifezeit 5-7 Monate, Samen von rotem, süßaromatischem Fruchtfleisch umhüllt, vielseitige Verwendungsmöglichkeiten
**Kultur:** Je nach Sorte und Herkunft der Pflanze beträgt die Frosttoleranz bis zu -15°C. Das Auspflanzen ins Freiland setzt einen sonnigen, warmen, trockenen und möglichst windgeschützten Standort voraus, bevorzugt eine Haussüdseite, Überdachungen oder einen Innenhof. Ein Winterschutz ist notwendig! Wer auf Nummer sicher gehen möchte, dem sei die Kübelkultur empfohlen. Eine frostfreie Überwinterung wirkt sich positiv auf den Fruchtertrag aus. Trotz möglicher Insektenbestäubung ist der Einsatz eines Pinsels die sicherste Variante zur Fruchtbildung. Gute Sorten fruchten bereits nach 3-4 Jahren. Neben mäßigem Gießen und Düngen ist ein regelmäßiges und kräftiges Auslichten dringend erforderlich.

## *Pyrus pyrifolia*

(Nashi Birne)

**Herkunft:** ursprünglich China

**Beschreibung:** 2-5 (15) m hoher, in Kultur kleinwüchsiger, meist kurzstämmiger Baum; Blätter länglich oval, 7-12 x 4-7 cm, gesägt; Blüte weiß, 2,5-3,5 cm im Durchmesser, in mehrblumigen Blütenständen, Blütezeit April bis Mai, selbstfertil

**Früchte:** Apfelbirne, 6-8 cm im Durchmesser, bei Wildformen kleiner, fast kugelig rund, von süßsäuerlich feinem, birnenähnlichem Geschmack, Fruchtfleisch fest und saftig, Schale kupfergoldfarben, hell punktiert, Erntezeit ab Juli bis September, hängen mehrere Wochen pflückreif am Baum, nach der Ernte nur kurz lagerfähig

**Kultur:** Es ist ein Genuss in eine reife Nashi Birne hineinzubeißen. Um so erfreulicher, dass der Anbau auch in unseren Breiten problemlos möglich ist. *Pyrus pyrifolia* gilt als robust, pflegeleicht und wenig anfällig gegenüber Schädlingen und Krankheiten. Zur Vergrößerung des Ertrags, der Fruchtqualität und -größe ist ein geeigneter Bestäubungspartner, wie z.B. verschiedene Apfel- oder Birnensorten zu empfehlen. Der Standort sollte sonnig bis halbschattig sein. Ein guter Gartenboden genügt. Der Schnitt erfolgt wie bei den heimischen Obstgehölzen. Die Frosthärte mehrjähriger Exemplare reicht bis -20°C.

## *Rubus phoenicolasius*

(Japanische Weinbeere)

**Herkunft:** ursprünglich westliches China, Korea, Japan
**Beschreibung:** 1-3 m hoher, sommergrüner, rankender Halbstrauch mit brombeerähnlichem Wuchs und himbeerähnlichen Früchten, Triebe mit stark rötlicher Bedornung, dicht borstenähnlich behaart; Blätter 3- bis 5-gefiedert, Blättchen oval, spitz zulaufend, dunkelgrün, doppelt gezähnt, bis 8 cm lang und bis zu 5 cm breit; Blüten weiß bis hellrosa, selbstfruchtend, vielblumige Rispen, Blütenbecher und Kelchblätter dicht drüsig behaart, Blütezeit Juni bis Juli
**Früchte:** 1-2 cm große, leuchtend orangerote Beeren, umhüllt von den Kelchblättern und erst bei Reife freigegeben, Geschmack angenehm aromatisch, süßsäuerlich, Verwendung als Naschfrucht für den Rohverzehr oder für Konfitüren, Früchte kaum madig
**Kultur:** Obwohl diese Art bereits vor rund 150 Jahren nach Europa gelangte, ist sie bislang kaum verbreitet. *Rubus phoenicolasius* gedeiht an einem warmen, sonnigen bis halbschattigen Standort, möglichst mit Rankhilfe. Der Boden sollte mäßig feucht und schwach kalkhaltig sein. Sollen Ausläufer vermieden werden, empfiehlt es sich, einen Speiskübel mit Wasserabfluß in die Erde einzulassen. Die Frosttoleranz liegt bei -18°C. Jungpflanzen sollten möglichst mit einem Winterschutz versehen werden.

## *Schisandra chinensis*

(Chinesisches Spaltkörbchen, Fünf-Geschmacks-Frucht)

**Herkunft:** China, Korea, Japan
**Beschreibung:** 3-6 m hohe, mehrjährige, sommergrüne, zweihäusige Schlingpflanze; Blätter elliptisch, 5-14 x 3-6 cm, fein gesägt; Blüte weiß bis cremefarben, duftend, weibliche und männliche Blüten auf getrennten Pflanzen
**Früchte:** 8-12 cm lange, traubenartig hängende Fruchtstände aus bis zu 25 roten Beerenfrüchten, sehr gesund, etwas gewöhnungsbedürftig und vielfältig im Geschmack, süß, sauer, scharf, bitter bis salzig, Ernte ab September nach dem ersten Frost, Rohverzehr oder Verarbeitung zu Marmelade, Saft, Sirup sowie getrocknet als Tee
**Kultur:** Bei diesem anspruchslosen und vollständig winterharten Schlinger handelt es sich um eine wahre medizinische Wunderpflanze. Alle Pflanzenteile sind verwendbar, machen fit und sorgen auf unterschiedliche Art und Weise für Wohlbefinden oder Linderung.
Ein halbschattiger Standort, vor Hitze wie Kälte gleichermaßen geschützt, wird bevorzugt. Sie verträgt keine Trockenheit. Daher unter Vermeidung von Staunässe regelmäßig gießen. Gute Gartenerde genügt! Sie eignet sich hervorragend für Hauswände, Spaliere und Pergolen. Gelegentliches Auslichten ist erforderlich.

## *Staphylea pinnata*

(Pimpernuss)

**Herkunft:** südöstliches Mitteleuropa
**Beschreibung:** mäßig verzweigter, 1-3, seltener bis 5 m hoher, aufrechter Strauch; Blätter bis 25 cm lang, paarig gefiedert; Blüten weiß, zu mehreren in bis zu 25 cm langen Blütenrispen, Blütezeit Mai und Juni
**Früchte:** hellgrüne, häutige Kapselfrucht mit essbaren, haselnußähnlichen Nüsschen, Geschmack erinnert an Pistazien, Reifezeit September bis Oktober
**Kultur:** Da sich vereinzelte Wildvorkommen der Pimpernuss in Teilen Süddeutschlands befinden, kann diese Art als vollständig winterhart bezeichnet werden. Ihr deutscher Name bezieht sich auf das Klappern der reifen Nüsschen in der ansonsten hohlen Kapselfrucht. Im Inneren der Nüsschen, die einer Haselnuß ähneln, befindet sich ein essbarer Kern. Dieser erinnert mit seinem Geschmack an Pistazien. Im Bayrischen Wald wird ein Likör daraus hergestellt. Die Blütenstände sollen gar kandiert als Süßigkeit angeboten werden.

Die Pimpernuss bevorzugt einen kalkhaltigen, lockeren und nährstoffreichen Boden. Ein geringer Lehmanteil oder steiniges Substrat schaden ebenfalls nicht.

Mit der eng verwandten *Staphylea colchica* (Kolchischen Pimpernuss) bietet sich eine weitere winterharte Art an, die nebenstehend ebenfalls zu sehen ist.

*Staphylea pinnata*

*Staphylea pinnata*

*Staphylea colchica*

*Staphylea colchica*

## *Vaccinium macrocarpon*

(großfruchtige Moosbeere, Cranberry)

**Herkunft:** Nordoststaaten der U.S.A., Kanada
**Beschreibung:** über dem Boden rankender, bis 30 cm hoher, immergrüner, robuster, winterharter Halbstrauch mit bis zu 1 m langen Trieben; Blätter länglich-oval, 1-2 cm lang, spitz zulaufend; Blüten rosa, hübsch, im Mai und Juni
**Früchte:** leuchtend rot mit knackig festem Fruchtfleisch, ca. 2 cm im Durchmesser, sehr gesund und wohlschmeckend, von angenehmem Aroma, Reifezeit September, nahezu grenzenlose Verwendungsmöglichkeiten
**Kultur:** Die Cranberry, nah mit der Preiselbeere verwandt, gilt als die amerikanischste aller Früchte. Sie ist dort im täglichen Leben fast überall gegenwärtig. Hierzulande kann diese Art ebenfalls mit gutem Erfolg kultiviert werden, da sicheres Fruchten bei hohen Erträgen garantiert scheint. *Vaccinium macrocarpa* ist als Bodendecker für Balkonkästen, Beete, Böschungen und Steingärten geeignet. Das Erdreich sollte leicht und durchlässig sein, am besten ein saurer, humoser Boden mit gegebener Feuchte. Falls erforderlich sollte Torf oder Rhododendrenerde untergemischt werden. Der Vollertrag erfolgt erst nach mehreren Jahren. Gelegentliches Auslichten genügt!

## Xantoceras sorbifolium

(Gelbhorn)

**Herkunft:** nördliches China
**Beschreibung:** selbstfruchtender, sommergrüner, bis zu 4 m hoher, attraktiver Strauch oder Kleinbaum; Blätter gefiedert, 15-30 cm lang; Blüten in grün-gelben Trauben, die später in Karminrot übergehen, Blütezeit Mai bis Juni, Blüten zwittrig, gelegentlich auch nur männlich
**Früchte:** kastanienartige Kapsel mit 6-10 schwarzen, etwa 3 cm großen, essbaren Samen, nach kurzem Rösten sahnig-nussiger Geschmack, an Macadamia erinnernd, Reifezeit im Herbst
**Kultur:** Diese Art bevorzugt einen sonnigen bis halbschattigen Standort. Der Boden sollte nährstoffreich, möglichst locker und sandig sein. Eine Beigabe von Bims oder Granulat ist empfehlenswert. Staunässe gilt es unbedingt zu vermeiden. Jungpflanzen sind in den ersten Jahren mit Winterschutz zu versehen. Ansonsten sind die Pflanzen weitgehend problemlos. Die Frosthärte mehrjähriger Exemplare liegt bei ca. -23°C. Vermehrt wird über die Aussaat der Samen.

## *Ziziphus jujuba*

(Chinesische Dattel)

**Herkunft:** Zentral-Asien, China, Himalaja, Indien
**Beschreibung:** 2-4 (-8) m hoher, sommergrüner Baum, robust, in der Regel bedornt; Blätter länglich-oval bis lanzettlich, bis 6 cm lang, gezähnt; Blüten gelbgrün, klein, einzeln oder Blütenstände mit bis zu 8 zwittrigen Blüten, Blütezeit Mai bis Juli
**Früchte:** 3-5 cm lange, ovale, süß-aromatische, in der Reife rotbraune Steinfrüchte, Fruchtfleisch weiß, knackig frisch, Rohverzehr, getrocknet als Brusttee oder für Konfitüren und Schnäpse
**Kultur:** Eine fast 4000 jährige Kulturgeschichte zeichnet *Ziziphus jujuba* aus. Ihren deutschen Namen verdankt sie ihren Früchten, die bei langem Behang, von der Sonne geschrumpft und getrocknet, ein den Datteln ähnelndes Aussehen bekommen. Diese Art verlangt einen vollsonnigen Standort. Schützende Mauern, Überdachungen und Innenhöfe wirken sich positiv aus. Der Boden sollte aus einem durchlässigen Erde-/ Sandgemisch bestehen. Ihre Frosthärte reicht bis -20°C, weshalb - abhängig vom Standort - ein angemessener Winterschutz empfohlen wird. Grundsätzlich gilt *Ziziphus jujuba* als nicht schädlingsanfällig und reich fruchtend. Letzteres gilt für mehrjährige Pflanzen nach einem sehr guten Sommer. Bereits 2-4 Jahre alte Pflanzen können erste Früchte bilden. Langtriebe einkürzen!

▲ ***Paulownia tomentosa*** **verwandelt den Frühlingsgarten in ein blauviolettes Blütenmeer. Im Sommer stellt dieser Baum mit seinen riesigen Blättern einen schattenspendenden Blickfang dar.**

# Exotische Zierpflanzen

## Wissenswertes

Längst haben wundersame Gäste, getragen von der Sehnsucht nach einem bisschen heiler Welt, unsere Gärten und Herzen erobert. Eine stetig steigende Zahl beeindruckender und verschwenderischer Exoten verführt und verwirrt mit überschwänglichem Angebot unser gestresstes Alltagsleben. Während die vorangegangenen Kapitel stets möglichst umfassend über die jeweiligen winterharten Vertreter berichtet haben, kann hier nur eine Auswahl besonders bewährter, exotischer Zierpflanzen vorgestellt werden. So wurde unter anderem auf die vielen Vertreter der winterharten Kakteen und Agaven aus Platzgründen verzichtet.

## Kulturanleitung

Die nachfolgenden Angaben zu den exotischen Zierpflanzen können an dieser Stelle nur allgemein gehalten werden, da sich diese heterogene Gruppe aus ganz verschiedenen Pflanzen mit unterschiedlichen Ansprüchen zusammensetzt. Entsprechend fallen die nachfolgenden Beschreibungen häufig umfangreicher aus, so dass alle notwendigen Informationen zur Kultur den jeweiligen Artenporträts entnommen werden können.

• **Standort:** Als beste Auspflanzzeit kommen die Monate April und Mai in Frage. Zu diesem Zeitpunkt hat sich der Boden bereits erwärmt und bietet somit eine gute Voraussetzung zum Anwachsen. Auf Austrocknung durch überhöhte Sonneneinstrahlung muss geachtet werden. Ein Zuviel an Sonne im zeitigen Frühjahr kann die Pflanze mitunter zu einem zu frühen Zeitpunkt mit dem Austrieb beginnen lassen, der dann ungeschützt der sich anschließenden Kälteperiode ausgesetzt ist. Aus diesem Grund kann ein

**Großblütige Magnolie**

▲▼ **Die Möglichkeiten, die Pflanzen während der Wintermonate vor Kälte zu schützen, sind vielfältig. Eine mit Folie umspannte Lattenkonstruktion hat sich bei solchen Pflanzen bewährt, bei denen abzusehen ist, dass ihre Frosthärte nicht ausreicht. Zusätzlich kann man diesen Bereich beheizen, was besonders während der kältesten Winternächte empfehlenswert ist. Hierbei kommen Grablichter, Kerzen oder Heizlüfter zum Einsatz, was aus Brandschutzgründen kritisch zu hinterfragen ist. In diesem Zusammenhang ist die Verwendung von Lichterketten, deren Abwärme die Pflanzen schützt, oder idealerweise thermostatgesteuerten Heizkabeln zu empfehlen.**

Sonnenschutz, beispielsweise mit Rohr- oder Bambusmatten, die Pflanzen vor zuviel Sonne und damit vor einem zu frühen Austrieb bewahren. Bei den meisten hier vorgestellten Pflanzen ist ein geschützter Standort in Südlage empfehlenswert, einige wenige gedeihen an einem halbschattigen bis schattigen Standort.

• **Pflanzloch und Substrat:** Der Wurzelballen sollte bequem im Pflanzloch Platz finden. Ein Mehrfaches an Größe und Tiefe ist generell zu empfehlen. Bei feuchtem Untergrund und nässeempfindlichen Pflanzen empfiehlt sich eine grobsandige oder kiesgeprägte Drainage. Das Pflanzloch bei Stammkultur vor Auffüllen mit einem Pfahl versehen. Anschließend wird das Pflanzloch mit nährstoffreicher, durchlässiger Erde, die zusätzlich mit Sand vermischt sein kann, etwa gut zur Hälfte gefüllt. Bevor die Pflanze nun in das Pflanzloch gesetzt wird, empfiehlt es sich, die Wurzeln leicht anzuschneiden. Schließlich wird der Wurzelballen vollständig mit Erde umgeben und überschüttet, so dass der Stammansatz ebenerdig abschließt. Durch Schütteln der Pflanze füllen sich mögliche Hohlräume mit nachrutschender Erde. Ein abschließendes, leichtes Festtreten und Anbinden an den Pflock gibt der Pflanze den notwendigen Halt. Zu guter Letzt mit Wasser einschwemmen und das abgesunkene Erdreich vollends auffüllen.

• **Überwinterung:** Für dieses Kapitel wurden entweder Arten, die bedenkenlos als winterhart zu bezeichnen sind oder besonders interessante und schönblütige Pflanzen mit teilweise eingeschränkter Frosttoleranz ausgewählt. In letzterem Fall ist ein entsprechender Winterschutz erforderlich, der bis zu den nebenstehend beschriebenen Maßnahmen reichen kann.

► **Der Baumfarn benötigt einen Winterschutz.**

◄ **Exotische Pflanzen in voller Blüte vor blauem Himmel! So fühlt sich der Sommer im eigenen Garten wie Urlaub an.**

# Vermehrung

Die nachfolgenden Tipps zur Vermehrung beziehen sich nicht nur auf die exotischen Zierpflanzen, sondern auf sämtliche in diesem Buch vorgestellten Pflanzen.

## Abmoosen

Hierbei handelt es sich um ein einfaches und erfolgreiches Verfahren der Pflanzenvermehrung, das im Laufe der Jahre vom Autor immer weiter verbessert wurde.

Viele Pflanzenarten, die überhaupt nicht oder nur mühselig, teils über Jahre aus Samen groß gezogen werden, bewurzeln beim Abmoosen bereits nach 3 bis 4 Wochen. Zur Durchführung werden lediglich ein durchsichtiger Kunststoffbecher, etwas Schnur oder Draht und ggf. ein Bambusstab benötigt. Zunächst wird ein geeigneter Zweig mit zusätzlicher Aufhängemöglichkeit für den Kunststoffbecher ausgewählt. Gegebenenfalls kann ein Bambusstab angebracht werden.

Der Becher wird seitlich mit 2 größeren, gegenüberliegenden Löchern etwa auf der Höhe der Mitte versehen. Dies gelingt mit Hilfe eines Lötkolbens besonders gut und ohne scharfe Kanten. Zusätzlich werden 2 kleinere, gegenüberliegende Löcher zur späteren Aufhängung am Becherrand benötigt.

Die Spitze des auserwählten Zweiges sollte gute 10 cm aus dem Becher herausragen. Alle Blätter im Becherbereich werden entfernt. Anschließend wird ein ca. 3 cm langes Rinden-

▼ **Beim Abmoosen wird durch die mit nährstoffarmer Anzuchterde gefüllten Plastikbecher jeweils ein Trieb geleitet, an dem zuvor die Blätter entfernt wurden.**

▲ Sind die ersten Wurzeln sichtbar, kann der bewurzelte Trieb von der Pflanze getrennt werden.

stück leicht angeschabt. Schließlich wird der Becher mit dem angeschabten Trieb in seiner Mitte mit Anzuchterde aufgefüllt und angegossen. Die Erde muss gleichmäßig feucht gehalten werden. Nässe gilt es zu vermeiden. Sobald die Bewurzelung sichtbar ist, einfach abtrennen.

## Stecklingsvermehrung

Sie zählt fraglos zu einer der bedeutendsten Vermehrungsmethoden genetisch identischer Pflanzen. Man unterscheidet Kopf- und Sproßstecklinge voneinander. Der Kopfsteckling ist an der Triebspitze mit einer Terminalknospe versehen und wächst nach der Bewurzelung sofort weiter, ohne anfängliche Verzweigung direkt nach oben. Sproßteile oder Triebstücke mit zwei Schnittstellen dagegen neigen zu einer baldigen Verzweigung. Beide Methoden lassen sich übers Jahr an vielen belaubten und unbelaubten Gehölzen durchführen. Ebenso eignen sich Kletterpflanzen wie die Passionsblumen sehr gut für die Stecklingsvermehrung.
Es werden 10-15 cm lange Stecklinge aus dem weitgehend ausgereiften, einjährigen Holz geschnitten. Der untere Schnitt wird leicht schräg unterhalb einer Knospe oder Blattknoten geführt. Oben erfolgt ein gerader Schnitt ca. 1 bis 2 cm über einem Blattknoten. Das Messer sollte scharf, möglichst desinfiziert sein. Hautkontakt mit der Schnittstelle vermeiden.

▲ Bei einer konstanten Bodentemperatur von 25°C und einer hohen Luftfeuchtigkeit bewurzeln Stecklinge vieler Pflanzenarten innerhalb von 3 bis 5 Wochen.

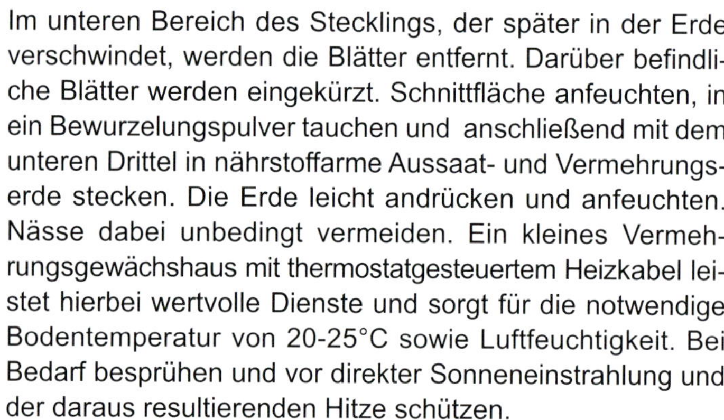

Im unteren Bereich des Stecklings, der später in der Erde verschwindet, werden die Blätter entfernt. Darüber befindliche Blätter werden eingekürzt. Schnittfläche anfeuchten, in ein Bewurzelungspulver tauchen und anschließend mit dem unteren Drittel in nährstoffarme Aussaat- und Vermehrungserde stecken. Die Erde leicht andrücken und anfeuchten. Nässe dabei unbedingt vermeiden. Ein kleines Vermehrungsgewächshaus mit thermostatgesteuertem Heizkabel leistet hierbei wertvolle Dienste und sorgt für die notwendige Bodentemperatur von 20-25°C sowie Luftfeuchtigkeit. Bei Bedarf besprühen und vor direkter Sonneneinstrahlung und der daraus resultierenden Hitze schützen.
Ein Beispiel für die problemlose und schnelle Stecklingsvermehrung ist die Bewurzelung von Feigen innerhalb von nur 3 Wochen. Mit dem zeitigen Frühjahr, sobald sich bei den Kübelpflanzen die ersten Knospen regen, beginnt die Zeit für den Schnitt von Steckhölzern. Eine Länge von 15 bis 20 cm ist für Feigenstecklinge empfehlenswert. Die Stecklinge werden einfach in ein Glas mit ca. 3 cm Wasserfüllung gegeben.

Auf reines Wasser achten und eine mögliche Algenbildung mit einem Pinsel entfernen. Der Standort sollte weder zu warm, noch von der Sonne beschienen sein.

▲ **Optimale Bedingungen für die Stecklingsvermehrung und die Aussaat bietet ein geräumiges Anzuchtgewächshaus mit thermostatgesteuertem Heizkabel und automatischem Fensteröffner.**

## Erfolgreiche Aussaat

Hierfür werden ein Fensterplatz ohne direkte Sonneneinstrahlung, eine Saatschale mit lichtdurchlässiger Abdeckung, besser noch ein Kleinstgewächshaus mit regulierbarer Entlüftung und thermostatgesteuertem Heizkabel benötigt. Hinzu kommt eine nährstoffarme Aussaaterde.
Nachfolgend ein paar hilfreiche Tipps:

- Der Erfolg ist maßgeblich vom keimfähigen Saatgut abhängig. Und dies ist nicht immer einfach zu erhalten. Exotische Samen haben teilweise eine begrenzte Keimfähigkeit von wenigen Tagen oder Wochen. Deshalb Saatgut möglichst nur von anerkannten und namhaften Anbietern beziehen.

- Die Samen sollten durch ein Wasserbad in Chinosol desinfiziert werden. Dickschalige Samen anschleifen und über Nacht in lauwarmes Wasser legen.

- Zur Vermeidung von Schimmel gilt es Nässe zu vermeiden. Vorbeugend kann man Chinosoltabletten in das Gießwasser geben. Auf ausreichende Entlüftung achten! Die ideale Keimtemperatur für die meisten Exoten liegt zwischen 22-26°C.

▲ **So ist der Hobbygärtner bestens für die Vermehrung ausgestattet.**

- Trauermücken stellen eine nicht zu unterschätzende Gefahr dar. Nässe fördert ihr massenhaftes Auftreten. Es sind nicht die kleinen, harmlosen Fliegen, die ihre bis zu 200 Eier direkt unter der Erdoberfläche ablegen, sondern deren Larven, die die Pflanzen schädigen. Sie ernähren sich hauptsächlich von abgestorbenen Pflanzenresten, aber besonders die zarten, feinen Wurzeln der Sämlinge stehen auf ihrem Speiseplan ganz oben. Zur Reduzierung des Befalls können beleimte Gelbsticker und bestimmte Nematoden verwendet werden.

- Der Gebrauch des Wuchsstoffes 99-g macht sich bei Sämlingen und Stecklingen positiv bemerkbar.

- Nach dem Pikieren möglichst sonnengeschützt platzieren. Dabei leicht angießen und die ersten Tage abdecken, um die Luftfeuchtigkeit zu erhöhen. Allmähliche Abhärtung der Pflanzen durch ein- bis mehrstündiges Entfernen der Abdeckung.

## *Albizia julibrissin*

(Seidenbaum, Schlafbaum)

**Herkunft:** von Iran über Pakistan, dem Himalaja und China bis nach Japan

**Beschreibung:** 3-5 (-10) m hoher, laubabwerfender Strauch oder Baum, selten älter als 30 Jahre; Blätter 20-30 cm lang, zweifach gefiedert, falten sich nachts und bei Trockenheit zusammen; Blüten einzeln oder zu zweit bis dritt angeordnete kugelige, köpfchenförmige Blütenstände, Durchmesser 2,5-3 cm, Kelch- und Kronblätter unscheinbar, Anordnung der Staubblätter erinnert an eine Puderquaste, cremeweiß und an der Spitze hell- bis dunkelrosa; Früchte 7-12 cm lange Hülsenfrucht mit 8-12 Samen

**Kultur:** *Albizia julibrissin* bevorzugt einen halbschattigen, warmen Platz und kann in halbwegs geschützter Lage fast überall problemlos ausgepflanzt werden. Das Erdreich sollte durchlässig sein und zur Vermeidung von Staunässe mit einer guten Drainage versehen werden. Ein humoser, sandig-kiesiger Boden ist empfehlenswert.

Ältere Auspflanzung, wenn überhaupt, nur mäßig gießen. Jungpflanzen dagegen je nach Bedarf mit Wasser versorgen. Der Stamm dieser bis mindestens -15°C winterharten Art ist in den ersten Jahren nach dem Auspflanzen unbedingt mit Jute, Flies oder Rohrmatten vor Frostrissen zu schützen.

## *Araucaria araucana*

(Chilenische Schmucktanne)

**Herkunft:** Chile (Patagonien)

**Beschreibung:** immergrüner, zweihäusiger Baum, einstämmig und aufrecht, 5-10 (-50) m hoch, 3-4 m breit, von skurrilem Wuchs und urzeitlichem Aussehen, sehr langsam wachsend, langlebig mit eigenwilliger Kronenform, Zweige quirlig, waagerecht abstehend; Blätter breite, dreieckig zugespitzte, scharf stechende, bis 5 cm lange Nadeln; männliche und weibliche Zapfen auf getrennten Bäumen, weibliche Zapfen fast kugelig, erste Blüten nach ca. 30 Jahren, von Bestäubung bis Reife der Zapfen vergehen 2-3 Jahre, Samen geflügelt, teilweise essbar

**Kultur:** *Araucaria araucana* gedeiht sowohl in voller Sonne als auch an einem halbschattigen Standort. Sie ist sogar für die Nordseite tauglich. Der Boden sollte mäßig nährstoffreich, leicht sauer und durchlässig sein. Zur Vermeidung von Staunässe empfiehlt sich eine zusätzliche Drainage.

Während der Vegetationszeit auf konstante, leichte Feuchte achten. Alle 2-3 Wochen düngen. Eventuell von Januar bis März mit Schattierung vor Austrocknung durch Wintersonne schützen. Die Frosttoleranz der in weiten Teilen Deutschlands absolut winterharten Art beträgt bis -20°C. Bei älteren Exemplaren reicht die Frosthärte sogar teilweise darüber hinaus.

## *Caesalpinia gilliesii*

(Paradiesvogelstrauch)

**Herkunft:** Uruguay, Chile, Argentinien

**Beschreibung:** kleiner, langsam wachsender, sommergrüner, aufgelockerter Strauch von 1,5-4 m Höhe; Blätter 10-15 cm lang, doppelt gefiedert, filigran; Blüten in bis zu 20 cm langen, mehrblumigen Trauben, jede Blüte mit fünf goldgelben Blütenblättern und weit herausragenden leuchtendkarmesinroten Staubfäden; Früchte Schoten

**Kultur:** Diese bezaubernde Südamerikanerin bietet in voller Blüte einen paradiesischen Anblick. Mit einer Frostverträglichkeit von -6°C und kurzfristig bis zu -10°C kann *Caesalpinia gilliesii* in unseren Breiten nur in sehr milden Gegenden mit entsprechendem Winterschutz ausgepflanzt werden. Ansonsten empfiehlt sie sich eher als attraktive Kübelpflanze, deren Überwinterung kühl aber frostfrei erfolgt.

Der Standort sollte geschützt und vollsonnig bis sonnig sein. Ideal wäre ein mildes Weinbauklima mit zusätzlichen Mauernischen als Winterschutz. Ein lockeres Substrat, das aus einer Mischung von guter Einheitserde mit Sand oder Perlite bestehen sollte, wird bevorzugt. Staunässe führt rasch zum Absterben der Wurzeln. Deshalb besonders bei Kübelkultur im Winter kaum gießen.

## *Campsis radicans*

(Trompetenblume)

**Herkunft:** USA
**Beschreibung:** 3-10 (-15) m hohe, starkwüchsige und laubabwerfende Kletterpflanze mit unpaarigen Fiederblättern, Austrieb im Mai, bildet Haftwurzeln; Blüten leuchtend rot oder bei der Sorte ´Flava` gelb, trompetenförmig, 6-8 cm lang und 4-6 cm im Durchmesser, büschelartig an den Neutriebspitzen, Blütezeit Juli bis September; Früchte 10-15 cm lange Schoten
**Kultur:** Diese anspruchslose Art liebt einen sonnigen und geschützten Standort, ideal vor einer nach Süden ausgerichteten Mauer oder Hauswand, die die Wärme speichert. Jungpflanzen bei der Auspflanzung eine Kletterhilfe mit Draht oder Holzlatten bieten, später Selbstklimmer mit Haftwurzeln.

Während der Vegetationszeit gelegentlich gießen und düngen. Da *Campsis radicans* an den einjährigen Trieben blüht, fördert ein starker Rückschnitt im Spätherbst oder besser vor dem Austrieb im Frühjahr die Blütenbildung. Dazu sämtliche Seitentriebe auf 3-4 Augen zurückschneiden. Die Frosthärte nimmt mit zunehmender Verholzung der Triebe zu. So können ältere Exemplare Temperaturen bis zu -20°C überstehen. Jungpflanzen hingegen sind deutlich empfindlicher und müssen mit entsprechendem Winterschutz versehen werden.

## *Catalpa bignonioides*

(Trompeten- oder Bohnenbaum)

**Herkunft:** Nordamerika
**Beschreibung:** 3-8 m hoher, erst ab Mai austreibender, knorriger, eher langsam wachsender Baum mit breiter Krone; Blätter herzförmig, groß, 15-20 cm lang, oberseits glatt, unterseits flaumig behaart; Blüten zu mehreren in bis zu 30 cm langen Blütenrispen, Einzelblüten glockig, 3-6 cm im Durchmesser, 2-lippig mit 5 Staubblättern, weiß bis cremeweiß, Schlund purpur gesprenkelt mit gelben Flecken; Früchte bis zu 40 cm lange Schoten, hängen bohnengleich herab, Samen ungenießbar
**Kultur:** Dieser anspruchslose Baum ist absolut empfehlenswert. Da die Frosttoleranz bis -25°C beträgt, kann diese Art in unseren Breiten als flächendeckend winterhart bezeichnet werden. Dennoch empfiehlt es sich, gerade in den ersten Jahren, den Stamm vor Frostrissen zu schützen. An einem sonnigen, windgeschützten Standort entwikkelt sich *Catalpa bignonioides* prächtig. Selbst halbschattige Plätze sind geeignet. Das Substrat sollte durchlässig und nährstoffreich sein, am besten gute Gartenerde mit geringem Lehmanteil.
Eine konstante Bodenfeuchte, besonders während der Sommermonate ist notwendig. Die gelegentliche Düngung wirkt sich positiv aus. Ein Rückschnitt ist möglich!

## *Chimonanthus praecox*

(Chinensische Winterblüte)

**Herkunft:** China
**Beschreibung:** bis 2,5 m hoher, sommergrüner, sparrig verzweigter, einhäusiger Strauch; Blätter glänzend hellgrün und elliptisch, 9-15 cm lang; Blüten glockenförmig, nickend, 2,5 cm breit, cremegelb bis gelb mit purpurbrauner Mitte, erscheinen am 2-jährigen, unbelaubten Holz, intensiv duftend nach Honig mit Veilchenanteil, Blütezeit von November bis März; Früchte krugförmig, 5-7 cm lange Nussfrüchte, nur in guten Sommern ausreifend
**Kultur:** Die hierzulande noch weitestgehend unbekannte *Chimonanthus praecox* zeichnet sich durch willkommene Farbtupfer im oft so tristen Winter aus. Sie bevorzugt einen geschützten Standort in der Sonne oder im Halbschatten. Der Boden sollte nährstoffreich und wasserdurchlässig sein.

Insgesamt kann diese Art als pflegeleicht und anspruchslos bezeichnet werden. Ein gelegentliches Düngen, welches Ende August eingestellt werden sollte, wirkt sich positiv aus. Ein Auslichten des Strauches ist ganzjährig möglich, sollte aber bevorzugt nach der Blüte erfolgen. Mit einer Frosthärte bis zu -25°C kann *Chimonathus praecox* in unseren Breiten vielerorts ohne Winterschutz im Freiland überwintert werden.

## *Crinodendron hookerianum*

(Laternenbaum)

**Herkunft:** Chile

**Beschreibung:** 0,8-2 m hoher, langsam wachsender und immergrüner, vielstämmiger Strauch; Blätter zierend glänzend, lanzettlich, tiefgrün und ledrig, bis 10 cm lang und nur 2 cm breit; Blüten einzeln, große, fleischige, rosa bis purpurrote Laternenblüten, an bis zu 10 cm langen, den Blattachseln entwachsenden Stielen hängend, Blütezeit Spätwinter oder Frühjahr; Früchte Kapsel mit 3 bis 5 Kammern

**Kultur:** Im Gegensatz zu den meisten in diesem Buch vorgestellten Exoten bevorzugt *Crinodendron hookerianum* einen halbschattigen bis schattigen Standort, wobei sie auch mit Einschränkung in der Sonne gedeiht. Der Boden sollte eher sauer und feucht sein, weshalb Rhododendronerde als Substrat besonders gut geeignet ist. Staunässe gilt es allerdings zu vermeiden.

Für jeden Gartenfreund mit dem Hang zum Außergewöhnlichen ist diese Art genau das Richtige. Schade nur, dass sie mit einer Frosttoleranz bis -10°C nur in sehr wintermilden Gebieten bei entsprechendem Frostschutz ausgepflanzt werden kann. Ansonsten kann sie auch mit gutem Erfolg als Kübelpflanze kultiviert werden. Die Überwinterung der Kübelpflanzen erfolgt kühl, aber frostfrei und hell.

## *Davidia involucrata*

(Taschentuchbaum, Taubenbaum)

**Herkunft:** Gebirgsregionen in Zentral- und Westchina
**Beschreibung:** laubabwerfender Zierbaum, Höhe 3,5-10 m; Blätter bis 15 cm lang, bis 12 cm breit, gezähnt, oval, unterseits seidig behaart, roter bis 7 cm langer Blattstiel; männliche Blüten, unscheinbar, purpur, zu vielen in einem kugelförmigen Blütenstand gemeinsam mit einer zwittrigen Blüte angeordnet, Hüllblätter auffällig, paarweise, weiß, bis 18 cm lang; Frucht grünlich-braun, eiförmig mit walnussähnlichem Kern
**Kultur:** Hierbei handelt es sich um einen äußerst langsam wachsenden, attraktiven und ausgesprochen pflegeleichten Solitärbaum. Als Tiefwurzler ist er für die Kübelhaltung kaum geeignet. Vielmehr empfiehlt er sich mit seiner Frosttoleranz von mindestens -15°C, teilweise sogar bis zu -20°C für die Auspflanzung im Garten an. Obwohl der Taschentuchbaum ziemlich standtolerant ist, bevorzugt er einen sonnigen und warmen Standort mit einem nährstoffreichen und durchlässigen Boden. In jungen Jahren sollte er mit einem leichten Winterschutz versehen werden.
Die Vermehrung erfolgt über Samen oder Stecklinge.

## *Dicksonia antarctica*
(Baumfarn)

**Herkunft:** Australien, Bergwälder Tasmaniens
**Beschreibung:** langsam wachsender, in Kultur 1-3 m hoher Baumfarn, einstämmig, gerade mit Hauptwurzelsystem im Innern, farnähnlichem Blattschopf, Wedellänge bis 4 m, Jungblätter farnähnlich, zu einer haarigen Schnecke zusammengerollt
**Kultur:** Der Standort sollte halbschattig bis schattig und windgeschützt gewählt werden. Das Substrat auflockern und mit einer guten Drainage versehen. Wöchentliche Düngergaben wirken sich positiv aus. Reichlich wässern! Dabei immer über den Kopf/Stamm gießen. Eine Austrocknung des Stammes mit dem darin enthaltenen Wurzelsystem muss verhindert werden! Bei hohen Temperaturen ebenfalls die Wedel besprühen.
Bei Freilandauspflanzungen im Winter eine Schilfrohrmatte um den Stamm wikkeln und diese nochmals mit einer Noppenfolie umgeben. Den Baumfarnkopf mit einem Jutesack schützen. Die Blattwedel werden nicht eingepackt. Ein eventuelles Abfrieren schadet nicht, da die Wedel im Frühjahr schnell und üppig austreiben. Diese Methode reicht bei kurzzeitigen Frösten bis -15°C aus, jedoch nicht bei wochenlangem Dauerfrost oder tieferen Temperaturen. Baumfarne dürfen nicht austrocknen, selbst im Winter müssen sie regelmäßig gegossen werden.

## *Lagerstroemia indica*

(Kreppmyrte)

**Herkunft:** ursprünglich aus China und Korea

**Beschreibung:** Kleinstrauch, Kurz- oder Hochstamm, Höhe 1,5-5 m; Blätter grün oder bunt, elliptisch, klein; Blüten je nach Kultursorte in purpur- oder rosafarbenen, roten, violetten oder weißen bis zu 20 cm langen Rispen, Blütezeit in heißen Sommern ab Juli, sonst später bis in den Oktober hinein; Früchte Kapseln

**Kultur:** Angepflanzt im gesamten Mittelmeerraum wird diese Art im Volksmund Italiens auch Toskanischer Flieder genannt. Diese Art stellt einen mediterranen Traum mit geradezu verschwenderischer Blütenfülle dar. Für unsere, kühleren Sommer sind weiß- und rosablühende Sorten am besten geeignet. Als Standort für die Auspflanzung im Freiland bieten sich eine wärmeabstrahlende Haus- oder Mauerwand an. Als Substrat ein Erde-Sand-Gemisch verwenden. Die Frosttoleranz liegt bei ca. -15°C.

Wem die Auspflanzung zu riskant erscheint, kann sich ebenfalls für die Kübelkultur entscheiden. Vorsicht, auf ein Verrücken reagieren die Pflanzen mit Knospenfall. Vom Austrieb bis zur Einwinterung sehr viel Wasser mit wöchentlicher Düngung verabreichen.

Im Spätherbst sollte ein kräftiger Rückschnitt erfolgen, da die Blüten an der Spitze der jährlichen Neutriebe erscheinen.

## *Liriodendron tulipifera*

(Tulpenbaum)

**Herkunft:** Nordamerika
**Beschreibung:** 5-15 (-35) m hoher, eingeschlechtlicher, einhäusiger Baum, kräftig, Krone aufgelockert; Blätter 10-15 cm lang, 12-20 cm breit, charakteristisch und unverwechselbar, 4-lappig, wirken an der Spitze wie abgeschnitten, färben sich im Herbst goldgelb; Blüten aufrecht-glockenförmig, tulpenartig, 5-7 cm im Durchmesser, grüngelb mit leuchtend orangefarbenen Flecken, Blütezeit Mai bis Juni; Früchte zapfenförmig, ungenießbar
**Kultur:** Ab einem Alter von ca. 15 Jahren kann mit der ersten Blüte gerechnet werden. Es sind aber nicht nur seine attraktiven Blüten, allein der Blätter wegen ist der Tulpenbaum ein Hingucker.
Der Standort sollte sonnig und windgeschützt sein. Da es sich um einen Flachwurzler handelt, sollte er in heißen Sommern mehrmals durchdringend gewässert werden. In den Monaten von April bis August empfiehlt sich überdies die Gabe eines Mineraldüngers.
Um die Anmut und Schönheit des Baumes zu erhalten, sollte ein Schnitt möglichst vermieden werden. Je nach Region empfiehlt es sich in den ersten Pflanzjahren die Stammbasis und den Wurzelbereich von Jungbäumen beispielsweise mit aufgeschüttetem Laub zu schützen. Ältere Exemplare überstehen Temperaturen bis -20°C problemlos.

## *Magnolia grandiflora*

(Großblütige Magnolie, Immergrüne Magnolie)

**Herkunft:** Südosten der USA

**Beschreibung:** schwachwüchsiger, meist pyramidenförmiger oder großbuschiger, 3-8, seltener bis 30 m hoher, einhäusiger, immergrüner Baum, Flachwurzler mit Jahreszuwachs von 10-30 cm; Blätter 12-20 cm lang, elliptisch, derb, lederig, oberseits glänzend dunkelgrün, unterseits dicht braun behaart; Blüten schneeweiß, angenehm duftend, 15-30 cm im Durchmesser, gelegentlich sogar darüber hinaus, Blütezeit von April bis Juni; Sammelbalgfrucht 7-10 cm lang, braun-filzig mit bis zu 1 cm großen, roten Samen

**Kultur:** Im Handel werden unterschiedliche Sorten und Selektionen der großblütigen Magnolie angeboten. In unseren Regionen stellt die Winterhärte das entscheidende Auswahlkriterium dar, weshalb die folgenden Sorten besonders empfehlenswert sind: ´Bracken`s Brown Beauty`, ´Edith Bouge`, ´Exmouth` und ´Victoria`. Die Winterhärte dieser Sorten beträgt ca. -20°C, so dass sie hierzulande an einem sonnigen und warmen Standort ausgepflanzt werden können. Im Hausgarten werden sie kaum größer als 4-5 m. Aufgrund des geringen Wachstums und dem kompakten Wuchs, sollte auf Schnittarbeiten verzichtet werden.

## *Melia azedarach*

(Paternosterbaum, Persischer Flieder, Zedrachbaum)

**Herkunft:** China, Indien, Himalaya
**Beschreibung:** 3-8 (-15) m hoher, einhäusiger, schnellwüchsiger, anspruchsloser Baum, Krone breit und aufgelockert; Blätter doppelt unpaarig gefiedert, Fiederblätter langstielig, dunkelgrün; Blüten weißlich bis hellviolett, in der Mitte mit purpurvioletter Röhre, fliederartig, duftend, 1,5-1,9 cm im Durchmesser, in 10-25 cm langen, lockeren Rispen, Blütezeit März bis Mai; Früchte attraktive, sich in der Reife gelb verfärbende Beeren, ca. 1-2 cm im Durchmesser, giftig
**Kultur:** Hierbei handelt es sich um einen schnellwüchsigen Baum, der inzwischen in weiten Teilen des Mittelmeergebietes anzutreffen ist. Hierzulande sollte auf einen sonnigen, warmen und geschützten Standort geachtet werden. Während der Vegetationszeit reichlich gießen und wöchentlich düngen. Da die Frosttoleranz ca. -15°C beträgt, gilt es je nach Region zu überlegen, ob eine Auspflanzung Sinn macht oder die Kübelkultur zu bevorzugen ist. Entscheidet man sich für die Auspflanzung sind Jungpflanzen in den ersten Jahren unbedingt mit einem Winterschutz zu versehen, da sie ansonsten bis zum Grund zurückfrieren können. Die Vermehrung durch Aussaat ist einfach. Vorsicht, alle Teile der Pflanze sind giftig.

## *Nerium oleander* ´Atlas`

(Oleander)

**Herkunft:** Marokko, Atlasgebirge in bis zu 2000 m
**Beschreibung:** bis 2,5 (-4) m hoher und 2 m breiter, blühfreudiger, immergrüner, Blütenstrauch; Blätter lanzettlich, tiefgrün, glänzend, lederig, 15-20 cm lang; Blüten einfach, rot oder rosa, 3-4 cm im Durchmesser; Früchte länglich-braune Schoten
**Kultur:** Der äußerst robuste ´Atlas` gilt als die kälteverträglichste Sorte. Die Frosttoleranz beträgt -15°C, darunter treten Blattschäden auf. Bei Auspflanzung sollte der Standort möglichst geschützt, sonnig und warm sein. Als Boden empfiehlt sich eine durchlässige, sandvermischte, lehmig-humose Gartenerde. Staunässe ist genauso wie eine Verdichtung der Erde zu vermeiden. Im Sommer reichlich wässern und 1-2 mal wöchentlich düngen.

## *Nerium oleander* ´Cavalaire`

**Herkunft:** Kultursorte, Italien oder Frankreich
**Beschreibung:** Doppelt- bis Dreifachblüte in kräftigem Rosa, intensiver Duft, Hauptblütezeit Juni bis September
**Kultur:** Diese Sorte besticht mit einem herrlichen Kontrast zwischen den leuchtenden Blüten und den sattgrünen Blättern. Bis -12°C treten keine Blattschäden auf.

## *Nerium Oleander* ´Italia`

**Herkunft:** Kultursorte, vermutlich Italien
**Beschreibung:** bis zu mehrere Meter hoher, im Alter breiter werdender Blütenstrauch; Blüten einfach, zart purpur bis magenta, sehr früh und reichlich übers ganze Jahr, Durchmesser bis zu 5 cm, leicht duftend
**Kultur:** Über all die Jahre haben sich verschiedene Oleander als robuste und kälteverträgliche Kübelpflanzen etabliert. Selbstverständlich können die in diesem Buch vorgestellten Sorten mit sehr gutem Erfolg als Kübelpflanzen kultiviert werden. Ähnlich wie die zuvor beschriebene ´Atlas` übersteht diese Sorte ebenfalls bis zu -15°C praktisch ohne Blattschäden. Daher kann diese Sorte mit entsprechendem Winterschutz in milden Gebieten ausgepflanzt werden.
Alle Pflanzenteile des Oleanders sind sehr giftig!

´Italia`


## *Nerium oleander* ´Villa Romaine`

**Herkunft:** Kultursorte, vermutlich Italien
**Beschreibung:** 1,5- 3,5 m hoher Blütenstrauch; Blüten rosa mit dunkelrosafarbenem Zentrum, Blütezeit Juni bis September
**Kultur:** Hierbei handelt es sich ebenfalls um eine der frosthärtesten Oleandersorten. Die Frostverträglichkeit beträgt bis zu -15°C praktisch ohne Blattschäden.

´Villa Romaine`

## *Paulownia tomentosa*

(Blauglockenbaum)

**Herkunft:** Zentral- und West-china

**Beschreibung:** 5-8 (-15) m hoher, robuster, sommergrüner Baum mit breiter, lichter Krone, Rinde glatt und grau; Blätter riesig, bis zu 45 cm lang und 25 cm breit, langstielig, unterseits samtig behaart; Blüten in mehrblumigen bis zu 40 cm langen Blütentrauben, glokkenförmig, blau-violett mit blassgelbem Schlund, Durchmesser der Einzelblüte 4 cm, lieblich duftend, Blütezeit April bis Mai vor oder mit dem Blattaustrieb, braun behaarte Knospen werden im Herbst gebildet; in der Reife grau-braune Fruchtkapseln, verbleiben für ein Jahr an der Pflanze

**Kultur:** Mit seinen Blütenkerzen erinnert dieser Baum aus der Entfernung an eine blau-violett blühende Kastanie. Eine in voller Blüte stehende *Paulownia tomentosa* ist ein absolut prachtvoller Anblick. Aber auch ohne Blüten macht sie dank ihrer gigantischen Blätter einen guten Eindruck. An einem sonnigen Standort ist sie ein willkommener Schattenspender. Die Erde sollte nährstoffreich und durchlässig sein. Kalkliebend! Im Sommer reichlich wässern und regelmäßig düngen. Bei Jungpflanzen gilt es den Stamm vor Frostrissen zu schützen. Die Frosttoleranz älterer Pflanzen beträgt bis zu -20°C. Trennt sich bereits im Spätsommer von den ersten Blättern.

## *Pinus pinea*

(Mittelmeer Pinie)

**Herkunft:** vermutlich Mittelmeerraum, Spanien, Portugal, Italien

**Beschreibung:** 4-15 (-30) m hoher, immergrüner Nadelbaum mit einer ihm typischen, prächtig ausladenden Schirmkrone, einhäusig, getrenntgeschlechtlich; Nadeln in der Regel 15-18 cm lang, würzig duftend; Blüten im Frühjahr an diesjährigen Langtrieben, männliche Blütenzapfen gelb gefärbt, weibliche eiförmig, rötlichbraun, 1 cm lang, Zapfenreife bis zu 3 Jahren nach der Bestäubung, Länge 8-16 cm, Dicke 7-10 cm, Samen essbar

**Kultur:** Hierbei handelt es sich um eine äußerst pflegeleichte und anspruchslose Pflanze. Selbst auf kargen Sandböden zeichnet sie sich durch einen kräftigen Wuchs aus. Geschätzt wird sie ihres mediterranen Flairs wegen als Schattenspender mit mächtiger Schirmkrone. Der Standort sollte vollsonnig bis sonnig sein. Eine konstante, angemessene Bodenfeuchte ist in den ersten Jahren nach der Auspflanzung erforderlich. Jungpflanzen im Wurzel und Stammbereich gegebenenfalls mit Winterschutz versehen. Die Frosttoleranz, die sich mit dem Alter noch erhöhen kann, liegt bei ca. -15°C.

## *Trachelospermum asiaticum*

(Gelber Sternjasmin)

**Herkunft:** Korea, Japan
**Beschreibung:** immergrüne, dicht verzweigende, bis zu 9 m hohe Kletterpflanze, langsam wachsend; Blätter bis 10 cm lang, dunkelgrün, glänzend, elliptisch bis lanzettlich; Blüten 2,5 cm groß, sternförmig, stark duftend, von weißlich auf cremegelb wechselnd, Blütezeit Hoch- bis Spätsommer; Früchte Schoten
**Kultur:** Je sonniger der Standort bei konstanter Bodenfeuchte, desto üppiger fällt die Blüte aus. Geeignet als Sichtschutz und Spalierpflanze, aber auch als Bodendecker. Die Frosthärte beträgt -15°C.

## *Wollemia nobilis*

(Wollemi-Kiefer)

**Herkunft:** Wollemi Nationalpark, Australien
**Beschreibung:** einhäusiger, bis 40 m hoher, immergrüner, raschwüchsiger, blaugrün benadelter Baum, Rinde schokoladenbraun; Blüten an den Zweigspitzen, männliche Zapfen rötlichbraun, weibliche grün bis braun
**Kultur:** Erst im Jahre 1994 wurde diese Art wieder entdeckt. Sie stellt ein lebendes Fossil dar und galt seit 65 Millionen Jahren als ausgestorben. In Kultur erweist sie sich als robust und pflegeleicht. Sonniger bis halbschattiger Standort. Substrat Pinienrinde und Sand.

## *Yucca gloriosa*

(Kerzen-Palmlilie)

**Herkuft:** südöstliche USA
**Beschreibung:** verholzende, mehrjährige Pflanze, oft für viele Jahre als stammlose, grundständige Blattrosette, mit den Jahrzehnten Stammbildung und Höhenwachstum bis in 3, seltener sogar 5 m Höhe; Blätter schwertförmig, steif und blau-grün, 30-50 cm lang, 2,5-4 cm breit, Spitze bestachelt, dichter Blätterschopf; Blüten in mehrblumiger Rispe, 0,5 bis 1,5 m langer, aufrechter Blütenstand mit zahlreichen weißen, bis 3,5 cm großen, duftenden Blütenglocken; Früchte ledrige, beerenartige Kapseln, bis 8 cm lang, 2,5 cm breit, Samen schwarz, essbar
**Kultur:** Diese pflegeleichte und robuste Schönheit hat sich seit vielen Jahren in den heimischen Gärten etabliert. Sie benötigt einen trockenen, sonnigen bis halbschattigen Standort. Um Nässe zu vermeiden, eine Drainage anlegen. Insgesamt besitzt diese Art einen geringen Wasser- und Düngerbedarf. Die Frosttoleranz beträgt bei mehrjährigen Exemplaren -20°C. Neuauspflanzungen in ungünstigen Lagen gegebenenfalls schützen. Einziger Bestäuber ist eine spezielle Yuccamottenart, die nur am Naturstandort vorkommt. Um Früchte in Kultur zu erhalten, ist daher eine Handbestäubung erforderlich.
In der Gattung Yucca finden sich weitere winterharte Arten.

## *Yucca rostrata*

(Blaublättrige Yucca)

**Herkuft:** Mexiko, Süden der USA, Texas
**Beschreibung:** meist einstämmig mit dickem Stamm, 1-3 m hoch mit kräftig blaugrün gefärbtem Blattschopf; Blätter schmal, ca. 2,5 cm breit, 25-60 cm lang, Blattrand mit feinen Zähnen; Blütenstand 1-2 m hoch mit hängenden, glockigen, weißen bis cremefarbenen Blüten, Einzelblüten ca. 3,5 cm im Durchmesser, 3-6 cm lang, Blütezeit Juli bis August; Früchte oval, bis 7 cm lang
**Kultur:** Die Auspflanzung dieser Schönheit im Freiland empfiehlt sich ausschließlich an einem besonders geschützten Standort. Dies kann unter einem Dachvorsprung an der Hauswand oder in einem Innenhof der Fall sein. Sie ist kurzfristig bis -15°C winterhart. Sicherheitshalber sollte ein Winterschutz eingerichtet werden. Ohne viel handwerkliches Geschick kann mit 4 Erdspießen und Pfosten, einem durchsichtigen Welldach aus dem Baumarkt und Luftpolsterfolie ein solcher Winterschutz selbst erbaut werden. Entsprechend großzügig errichtet sorgt er für genügend Luftzirkulation um die Pflanze und bietet einen Schutz vor Nässe, da der Boden während der Überwinterung abtrocknen kann.
Das Pflanzloch tiefgründig zur Hälfte mit grobem Gestein füllen, den Rest mit einem durchlässigen kiessandigen Erdgemisch füllen.

# Nützliche Adressen

## Bezugsquellen

**Agaven & Friends**
Lars Heuner
Fliednerstr. 25
58640 Iserlohn
www.agaven-and-friends.de

**Agrumi Citrusgärtnerei**
Bernhard Voß
Moorende 149
21635 Jork
www.agrumi-voss.de

**Aroma Gärtnerei Deaflora**
Dr.-Wolff-Str. 6
14542 Werder
www.deaflora.de

**Baumfarne**
Baumschulmeister
Kleo Montforts
In Bischofshütte 27
41844 Wegberg
www.kleos-baumfarne.de

**Baumschule Eggert**
Jörg Eggert
Baumschulenweg 2
25594 Vale
www.eggert-baumschulen.de

**Baumschule Horstmann**
Bergstr. 4
25582 Hohenaspe
www.baumschule-horstmann.de

**Blumen & Passiflora**
Martin Drews
Oberstr. 14
44892 Bochum
www.blumen-passiflora.de

**Exotische Nutz- und Zierpflanzen**
Renate Bucher
Wingertsweg 6
64342 Seeheim-Jugenheim
www.exot-nutz-zier.de

**Exotischer Garten Internet Shop**
Frank Martens
Mühlendamm 1
27239 Heiligenloh
www.ExoGa.de

**Flora Mediterranea**
Maria Sansoni Köchel
Königsgütler 5
84752 Au/Hallertau
www.floramediterranea.de

**Khaki/Exoten**
De Moerbeiboom
Dithmar Guillaume
Oudenaardsestraat 310
B-9500 Geraardsbergen
Belgien
www.demoerbeiboom.be

**Flora Toskana**
Schillerstr. 25
89278 Nersingen OT Straß
www.flora-toskana.de

**Konfitee Naturkost & Gartenpflanzen**
Grossmann
Bahnhofstr. 12
29690 Schwarmstedt
www.goji-plantage.de

**Obst- und Beerenpflanzen**
Häberli Fruchtpflanzen AG
Stocken
CH-9315 Neukirch-Egnach
Schweiz
www.häberli-beeren.ch

**Palme Per Paket**
Tobias W. Spanner
Am Schnepfenweg 57
80995 München
www.palmeperpaket.de

**PflanzenSpezl**
Dr. Ernst Lill
Meranerstraße 2
81547 München
www.pflanzenspezl.de

**rareplants**
Bjørn Malkmus-Hussein
Am Parkfeld 14
65203 Wiesbaden
www.rareplants.de

**Les Senteurs du Quercy**
Mas de Fraysse
F-46230 Escamps
www.senteursduquercy.com

## Weitere Internetadressen

Andi's Zitrusgarten
www.zitrusgarten.net

Asian Flora
www.asianflora.com

Bananenstauden: Anregungen & Tipps
www.bananenhobby.de

Bildagentur Jens Tischer
www.greenx.de

Chile Flora
www.chileflora.com

Exoten im eigenen Garten
www.helmar-scherpe.de

Exoten & Palmen
www.palmen-willich.de

Finca Tropical
www.la-palma-tourismus.com

Finca Xochipilli
www.xochipilli.eu

Fotografin Erna Sterneck
www.web-es.eu

Palmen, Ute und Volker Bartling
http://home.arcor.de/palmenweb

Palmen/Exotengarten
www.garten-seggewiss.de

Palmen in Uhlerborn
www.mediterran-uhlerborn.npage.de

Palmenklaus
www.palmenklaus.eu

# Literatur

**Winterharte Palmen**
In Mitteleuropa erfolgreich auspflanzen
Mario Stähler & Tobias W. Spanner
Medemia Verlag

**Zitruspflanzen**
Extra: frostharte Sorten
Bernhard Voß
Kosmos Verlag

**Exoten im Garten**
einfach - schön - exklusiv
Tanja Ratsch
Ulmer Verlag

**Mediterranes Flair**
auf Balkon und Terrasse
Tanja Ratsch
Ulmer Verlag

**Kübelpflanzen**
Das Handbuch der schönsten Arten
Maria Sansoni-Köchel
blv Verlag

**Oleander**
Christoph Köchel
Ulmer Verlag

# Danksagung

Mein Dank gilt all jenen, die mich mit Bildern oder ihrem Fachwissen unterstützt haben, besonders Herrn Torsten Ulmer, ohne den dieses Buch so nicht möglich gewesen wäre. Nicht vergessen möchte ich meine Frau, die stets voll hinter mir stand, und meinen Sohn Sven für seine unermüdliche Arbeit am Computer sowie Tochter Cornelia. Ebenso danke ich in besonderem Maße der Wiener Fotografin Erna Sterneck, Michail Belov aus Chile, Roland Reineck, Thomas Seggewiss und Kaspar Heißel für seine fast unglaubliche Unterstützung. Ein besonderer Dank gebührt ebenfalls Herrn Bernhard Voß als Gastautor zum Thema winterharte Citruspflanzen sowie Kleo Montforts für seine Fotos und die fachliche Unterstützung zum Thema Baumfarne.

# Über den Autor

Als wissbegieriger, etwas verträumter junger Schwabe in einer kleinen Landgemeinde nahe Göppingen geboren und aufgewachsen, war er schon mit jungen Jahren vom Fernweh geplagt und der Natur verbunden.

Bald schon erkundete er den gesamten Mittelmeerraum und hielt die Erinnerungen mit Hilfe seiner Kamera fest. Vor allem die Mittelmeerflora hatte es ihm angetan und wurde zu einem festen Bestandteil seiner Reisefilme. Diese Aufnahmen gaben ihm die entscheidenden Impulse für sein späteres Tun. So zierten zunächst erste Exoten – Oleander und Agaven – den schmucken, kleinen Garten seines Hauses.

Mit seiner Heirat nach Bissingen/Teck verschlagen, gab ihm von nun an der eigene Anbau heimischer Obstpflanzen das nötige Wissen und die Voraussetzung für seine parallel dazu verlaufenden Versuche mit Exotenpflanzen aller Art.

Die Filmerei sollte sich zu einer zweiten großen Leidenschaft entwickeln. Mit Unterstützung seiner Frau und einer tropentauglichen Spezialkamera sollte er sich von nun an seinen Traum dem Drehen von Kultur- und Tierfilmen in Südostasien erfüllen.

Kleine Expeditionen und unzählige Exkursionen in entlegene Urwaldgebiete auf der Suche nach Ureinwohnern, ihm unbekannten Pflanzen und seltenen Tierarten waren sein Ziel. Wertvolles Film- und Pflanzenmaterial zusammen mit den angehäuften Samenraritäten bildeten den Grundstock für Versuche und quasi dem, was er seit nunmehr über 4 Jahrzehnte bis heute mit viel Liebe, Freude und Begeisterung betreibt.

Im Jahre 2016 sind neben dieser Veröffentlichung drei weitere Bücher des Autoren Herbert Müller erschienen. Hiebei handelt es sich um zwei Reise-Abenteuer Bücher und einen Lyrik-/Poesie-Band.

www.pflanzenfreund.info

Kontakt: Exotenfreund@t-online.de

Herbert Müller

# Bildquellenverzeichnis

**T = Titel**

**Claus Abraham (C.A.):** 24, 136

**Baumschule Eggert (B.E.):** 77, 78, 133

**Bananenhobby (B.H.):** 8, 9, 10,11, 12, 13, 132

**Volker Bartling (V.B.):** 16, 17, 23

**Cédric Basset (C.B.):** 61, 131

**Michael Belov (M.B):** 73, 133

**Flora Toskana (F.T.):** 21, 22, 58, 72, 79, 121, 130, 133, 134, 135, 136

**Gärtnerei Deaflora (G.D.):** 69, 132

**Gärtnerei Eisenhut (G.E.):** 44, 46, 47, 131

**Georgi Goshev (G.G.):** 63, 132

**Lars Grossmann (L.G.):** 74, 133

**Thorsten Hartmann (T.H.):** 17, 18, 100

**Kaspar Heißel (K.H.):** T, 21, 22, 23, 24, 25, 49, 50, 54, 56, 57, 58, 59, 60, 61, 62, 64, 66, 67, 68, 71, 72, 74, 75, 77, 78, 80, 82, 83, 84, 85, 87, 93, 94, 95, 97, 105, 108, 109, 111, 113, 120, 130, 131, 132, 133, 135, 136

**Lars Heuner (L.H.):** 117, 134

**Uli Katz (U.K.):** 110, 121, 131, 136

**Dr. Ernst Lill (E.L.):** 86, 88, 89, 135

**Kleo Montforts (K.M.):** 100, 112

**Herbert Müller (H.M.):** T, 2, 9, 19, 50, 51, 52, 53, 54, 56, 63, 71, 76, 79, 83, 91, 92, 96, 97, 100, 101, 102, 103, 105, 122, 127, 130, 131, 132, 133, 135, 136

**Obst- und Beerenpflanzen Häberli (O.H.):** 82, 84, 135

**Frédéric Prévot (F.P.):** 117, 118, 134

**rareplants (R.P.):** 81

**Luigi Rignanese (L.R.):** 78

**Ralf Sander (R. Sa.):** 53, 55, 80, 120, 134, 135

**Maria Sansoni-Köchel (M.S.K.):** 118, 134

**Helmar Scherpe (H.S.):** T, 4, 5, 14, 23, 52, 104

**Thomas Seggewiß (T.S.):** 15, 16, 17, 18, 136

**Erna Sterneck (E.S.):** 1, 5, 48, 52, 55, 62, 87, 90, 132, 135

**Jens Tischer (J.T.):** 53, 92

**Bettina Ulmer (B.U.):** 12, 13

**Torsten Ulmer (T.U.):** T, 3, 4, 6, 7, 11, 13, 20, 26, 27, 28, 29, 30, 31, 32, 33, 34, 35, 36, 37, 70, 72, 75, 81, 87, 90, 98, 99, 101, 102, 103, 104, 106, 107, 108, 113, 114, 115, 116, 119, 123, 130, 131, 133, 134, 135, 136

**Olivier Van Sante (O.V.S.):** 65, 132

**Andreas Voß (A.V.):** 5, 38, 40, 42, 43, 44, 45, 46, 81, 131

**Bernhard Voß (B.V.):** 39, 40, 42, 44, 45, 47, 131

# Verzeichnis der Pflanzen

**Mt. = Minimumtemperatur**

***Acca sellowiana***
Strauch,kleiner Baum
Mt: -12°C - S. 52

***Actinidia chinensis***
Kletterpflanze
Mt: -22°C - S. 53

***Akebia quinata***
Kletterpflanze
Mt: -23°C - S. 54

***Albizia julibrissin***
Strauch, kleiner Baum
Mt: -15°C - S. 104

***Araucaria araucana***
Baum
Mt: -20°C - S. 105

***Arbutus unedo***
Strauch, kleiner Baum
Mt: -15°C - S. 55

***Asimina triloba***
Baum
Mt: -30°C - S. 56

***Broussonetia kazinoki***
Strauch, kleiner Baum
Mt: -15°C - S. 57

***Caesalpinia gilliesii***
kleiner Strauch
Mt: -10°C - S. 106

***Campsis radicans***
Kletterpflanze
Mt: -20°C - S. 107

***Carya illioinensis***
Baum
Mt: -20°C - S. 58

***Castanea sativa***
Baum
Mt: -20°C - S. 59

***Catalpa bignonioides***
Baum
Mt: -25°C - S. 108

***Chamerops humilis* var. *cerifera***
Palme
Mt: -15°C - S. 20

***Chamerops humilis vulcano***
Palme
Mt: -15°C - S. 20

***Chimonanthus praecox***
kleiner Strauch
Mt: -25°C - S. 109

***Citrus* ´Citrandarin`**
Strauch, kleiner Baum
Mt: -16°C - S. 44

***Citrus* ´Glen Citrangedin`**
Strauch, kleiner Baum
Mt: -10°C - S. 44

***Citrus ichangensis***
Strauch, kleiner Baum
Mt: -12°C - S. 45

***Citrus* ´Swingle Citrumela`**
Strauch, kleiner Baum
Mt: -15°C - S. 45

***Citrus* ´Thomasville`**
Strauch, kleiner Baum
Mt: -10°C - S. 46

***Citrus trifoliata***
Strauch, kleiner Baum
Mt: -25°C - S. 46

***Citrus* ´Violetta Voß`**
Strauch, kleiner Baum
Mt: -8°C - S. 47

***Citrus* ´Yuzu`**
Strauch, kleiner Baum
Mt: -12°C - S. 47

***Crinodendron hookerianum***
Strauch
Mt: -10°C - S. 110

***Cornus kousa***
Strauch, kleiner Baum
Mt: -20°C - S. 60

***Cudrania tricuspidata***
kleiner Baum
Mt: -20°C - S. 61

***Davidia involucrata***
Strauch, Baum
Mt: -20°C - S. 111

***Dicksonia antartica***
Baumfarn
Mt: -15°C - S. 112

***Diospyros kaki***
kleiner Baum
Mt: -20°C - S. 62

***Diospyros kaki***
**´Kuro Gaki`**
kleiner Baum
Mt: -15°C - S. 63

***Diospyros lotus***
Strauch, kleiner Baum
Mt: -23°C - S. 64

***Diospyros rhombifolia***
Strauch, kleiner Baum
Mt: -20°C - S. 65

***Diospyros virginiana***
Baum
Mt: -23°C - S. 66

***Elaeagnus angustifolia***
Strauch, Baum
Mt: -20°C - S. 67

***Elaeagnus multiflora***
Strauch, kleiner Baum
Mt: -20°C - S. 68

***Elaeagnus umbellata***
**´Big Red`**
Strauch
Mt: -20°C - S. 69

***Elaeagnus umbellata***
**´Brillant Rose`**
Strauch
Mt: -20°C - S. 69

***Ensete glaucum***
Bananengewächs
Mt: -5°C - S. 10

***Ensete ventricosum***
**´Maurellii`**
Bananengewächs
Mt: -2°C - S. 10

***Eriobotrya japonica***
Strauch, kleiner Baum
Mt: -10°C - S. 70

***Ficus carica***
Strauch, kleiner Baum
Mt: -17°C - S. 71

***Hovenia dulcis***
Baum
Mt: -20°C - S. 72

***Jubea chilensis***
Palme
Mt: -15°C - S. 21

***Lagerstroemia indica***
Strauch
Mt: -15°C - S. 113

***Lardizabala biternata***
Kletterpflanze
Mt: -10°C - S. 73

***Liriodendron tulipefera***
Baum
Mt: -20°C - S. 114

***Lycium barbarum***
Strauch
Mt: -25°C - S. 74

***Maclura pomifera***
Baum
Mt: -20°C - S. 75

***Magnolia grandiflora***
Baum
Mt: -20°C - S. 115

***Malus* ´Redlove Circe`**
Spalier, kleiner Baum
Mt: -25°C - S. 76

***Melia azedarach***
Baum
Mt: -15°C - S. 116

***Morus alba***
Baum
Mt: -20°C - S. 77

***Morus ´Illinois Everbearing`***
Strauch, Baum
Mt: -20°C - S. 77

***Morus nigra***
Baum
Mt: -20°C - S. 78

***Morus nigra* ´Pakistan`**
Baum
Mt: -20°C - S. 79

***Morus rubra***
Baum
Mt: -20°C - S. 79

***Musa basjoo***
Bananengewächs
Mt: -15°C - S. 11

***Musa sikkimensis***
Bananengewächs
Mt: -12°C - S. 12

***Musella lasiocarpa***
Bananengewächs
Mt: -10°C - S. 13

***Nannorrhops ritchiana***
Palme
Mt: -23°C - S. 21

***Nerium oleander ´Atlas`***
Strauch
Mt: -15°C - S. 117

***Nerium oleander ´Cavalaire`***
Strauch
Mt: -12°C - S. 117

***Nerium oleander ´Italia`***
Strauch
Mt: -15°C - S. 118

***Nerium oleander* ´Villa Romaine`**
Strauch
Mt: -15°C - S. 118

***Olea europaea***
kleiner Baum
Mt: -10°C - S. 80

***Passiflora caerulea***
Kletterpflanze
Mt: -15°C - S. 32

***Passiflora caerulea* ´Chinensis`**
Kletterpflanze
Mt: -15°C - S. 32

***Passiflora caerulea* ´Constance Eliott`**
Kletterpflanze
Mt: -15°C - S. 33

***Passiflora caerulea* ´Pierre Pomie`**
Kletterpflanze
Mt: -12°C - S. 33

***Passiflora* ´Clear Sky`**
Kletterpflanze
Mt: -15°C - S. 34

***Passiflora x colvillii***
Kletterpflanze
Mt: -15°C - S. 34

***Passiflora* ´Guglielmo Betto`**
Kletterpflanze
Mt: -12°C - S. 35

***Passiflora incarnata***
Kletterpflanze
Mt: -15°C - S. 35

***Passiflora incarnata alba***
Kletterpflanze
Mt: -15°C - S. 36

***Passiflora* ´Incense`**
Kletterpflanze
Mt: -8°C - S. 36

***Passiflora lutea***
Kletterpflanze
Mt: -15°C - S. 37

***Passiflora tucumanensis***
Kletterpflanze
Mt: -12°C - S. 37

***Paulownia tomentosa***
Baum
Mt: -20°C - S. 119

***Pinus pinea***
Baum
Mt: -15°C - S. 120

***Pistazia vera***
kleiner Baum
Mt: -10°C - S. 81

***Prunus*** **´Aprikyra`**
kleiner Baum
Mt: -20°C - S. 82

***Prunus*** **´Aprimira`**
kleiner Baum
Mt: -20°C - S. 83

***Prunus*** **´Aprisali`**
kleiner Baum
Mt: -20°C - S. 84

***Prunus cerasifera***
kleiner Baum
Mt: -28°C - S. 85

***Prunus x dasycarpa*** **´Biricoccolo`**
kleiner Baum
Mt: -20°C - S. 86

***Prunus dulcis***
Strauch, kleiner Baum
Mt: -20°C - S. 87

***Prunus*** **´Percoche`**
kleiner Baum
Mt: -20°C - S. 88

***Prunus salicina***
kleiner Baum
Mt: -20°C - S. 89

***Punica granatum***
Strauch, kleiner Baum
Mt: -15°C - S. 90

***Pyrus pyrifolia***
kleiner Baum
Mt: -20°C - S. 91

***Rhapidophyllum hysterix***
Palme
Mt: -23°C - S. 22

***Rubus phoenicolasius***
rankender Halbstrauch
Mt: -18°C - S. 92

***Sabal minor***
Palme
Mt: -20°C - S. 22

***Schisandra chinensis***
Kletterpflanze
Mt: -20°C - S. 93

***Staphylea pinnata***
Strauch
Mt: -20°C - S. 94

***Trachelospermum asiaticum***
Strauch, kleiner Baum
Mt: -15°C - S. 121

***Trachycarpus fortunei***
Palme
Mt: -18°C - S. 23

***Trachycarpus princeps***
Palme
Mt: -15°C - S. 24

***Trachycarpus takil***
Palme
Mt: -18°C - S. 24

***Trachycarpus wagnerianus***
Palme
Mt: -18°C - S. 25

***Trithrinax campestris***
Palme
Mt: -15°C - S. 25

***Vaccinium macrocarpon***
rankender Halbstrauch
Mt: -20°C - S. 95

***Wollemia nobilis***
Baum
Mt: -15°C - S. 121

***Xantoceras sorbifolium***
Strauch, kleiner Baum
Mt: -23°C - S. 96

***Yucca gloriosa***
Strauch, kleiner Baum
Mt: -20°C - S. 122

***Yucca rostrata***
Strauch, kleiner Baum
Mt: -15°C - S. 123

***Ziziphus jujuba***
Baum
Mt: -20°C - S. 97